Wiener
Nachspeisen

Wiener Nachspeisen

Rezepte aus Meisterhand

Herwig Gasser & Gerhard Loibelsberger

av BUCH

Inhaltsverzeichnis

Leitfaden für die Anwendung der Rezepte

Zu den Rezepten: Sie sind sorgfältig zusammengestellt und vielfach erprobt. Bitte halten Sie sich genau an die Mengenangaben sowie an die Vorgehensweise. Die Rezepte sind so geschrieben, dass sie als Einkaufsliste für die Zutaten und gleichzeitig auch als Arbeitsanleitung verwendet werden können.

Sprache: „Was Deutschland und Österreich trennt, ist die gemeinsame Sprache", das stellte der Schriftsteller Karl Kraus schon vor rund 100 Jahren fest. Besonders unterschiedlich sind die Ausdrücke im Bereich der Lebensmittel. Deshalb gibt es ein ausführliches Glossar am Ende des Buches. Besonders häufig vorkommende Bezeichnungen wie Eigelb und Eiweiß (österreichisch Eidotter und Eiklar) haben wir aus dem Deutschen übernommen (die Österreicherinnen und Österreicher mögen es uns verzeihen ...).

Alle Flüssigkeiten sind in Gramm angeführt: Dies dient der Arbeitserleichterung, da Sie sowieso mit der Küchenwaage arbeiten müssen. Ziehen Sie bitte das Gewicht des Behälters, in den Sie die Flüssigkeit geben, beim Abwiegen der angegebenen Menge ab. Oder Sie stellen Ihre Waage so ein, dass sie mit dem Behälter „0" Gramm anzeigt.

Ei, Eigelb und Eiweiß sind ebenfalls in Gramm angeführt: Kennen Sie das? Manchmal bekommt man Eier, die eher klein und mickrig sind, manchmal aber auch besonders große. Damit das Gelingen Ihrer Nachspeisen davon unbeeinflusst bleibt, haben wir Eier, Eigelb und Eiweiß immer in Gramm und nicht in Stück angegeben.

Zeitangaben fürs Backen: Da Backöfen in privaten Haushalten – im Gegensatz zu professionellen in Bäckereien – sich beim Backen sehr unterschiedlich verhalten, können wir diesbezüglich nur ungefähre Zeitangaben machen. Bitte beobachten Sie immer, was in Ihrem Ofen vorgeht, und greifen Sie – falls notwendig – rechtzeitig ein.

Fruchtmark: Das Gewicht des Fruchtmarks ist immer die pürierte bzw. passierte reine Fruchtmasse, ohne Schalen, Kerngehäuse und Kerne.

Mehl: Bei allen Rezepten wird die Mehlsorte „Weizenmehl glatt, Type 700" (entspricht in Deutschland Type 550, in der Schweiz heißt es Weißmehl) verwendet. Sie ist für Feinbackwaren ideal geeignet. **Achtung:** Falls Sie lieber Dinkel- oder Vollkornmehl verwenden wollen, dann dürfen Sie keinesfalls mehr als 30 % des Mehlgesamtgewichts durch eine dieser Mehlarten ersetzen. Falls Sie es trotzdem tun, wird das Rezept nicht hundertprozentig gelingen.

Dekoration: Die auf den Rezeptfotos ersichtlichen Dekorationen sind lediglich Vorschläge. Ihrer Fantasie sind keine Grenzen gesetzt.

Geschichte und Geschichten

Eine süße Melange

Bei der Volkszählung im Jahr 1911 hatte Wien als Reichshaupt- und Residenzstadt 2 030 834 Einwohner. Insgesamt lebten damals rund 52 Millionen Menschen in der habsburgischen Donaumonarchie. Wer nun glaubt, dass dies ein einheitliches Volk mit einer gemeinsamen Kultur war, irrt gewaltig. Im Gegenteil: Kaiser Franz Josef I. herrschte über ein buntes Gemisch von Österreichern, Ungarn, Tschechen, Slowaken, Kroaten, Serben, Slowenen, Ruthenen, Rumänen, Polen, Italienern, Juden, Huzulen, Lippowanern, Armeniern und, und, und ... Wobei sich die Österreicher wiederum in Vorarlberger, Tiroler, Salzburger, Oberösterreicher, Niederösterreicher, Steirer und Kärntner gliederten. All diese Völker bzw. Volksgruppen hatten eine eigene Küche und selbstverständlich auch eine eigene Dessertkultur. Und die Wiener? Die hatten alles zusammen. Denn die Metropole war ein riesengroßer Schmelztiegel, in den es Menschen aus den eingangs beschriebenen Nationalitäten hinzog. Eine multikulturelle Stadt, in der die Küchen vieler Nationen zu einer, nämlich DER Wiener Küche, verschmolzen.

Europäische Union der Nachspeisen

Die Donaumonarchie war im Prinzip ein Vorläufer der heutigen Europäischen Union (ohne deren demokratische Strukturen). Ein imposanter Marktplatz, der sich von der dalmatinischen Küste im Süden bis an die Grenzen Russlands im Norden und von Siebenbürgen im Osten bis zum Bodensee im Westen erstreckte. Ein schönes Beispiel für die rege Handelstätigkeit, die damals in Österreich-Ungarn herrschte, ist der Spezialitätenimporteur Giuseppe Hmelak. Allein sein Vor- und Zuname sind schon eine köstliche Mixtur aus italienischen und böhmischen Vorfahren. Den Sitz seines Handelshauses hatte er aber weder im italienischen noch im böhmischen Teil der Monarchie, sondern in Graz. Von dort belieferte er das gesamte Habsburgerreich und auch die Reichshaupt- und Residenzstadt mit italienischen Delikatessen.

So versorgte er zum Beispiel die verwöhnten Wiener Gaumen das ganze Jahr über mit frischen Früchten. In seiner Bestellliste finden sich unter der Rubrik *Frische Früchte über Winter* unter anderem „schwarze italienische Trauben, Rosmarin-Aepfel, Bananen, Mandarinen, Orangen aus Messina, Java-Orangen, Citronen und Cedri (Zedrat-Zitronen)". Und damit die Wiener mit all diesen südländischen Delikatessen auch etwas anfangen konnten, fügte er seinem umfangreichen Verzeichnis ein Kochbuch hinzu (ein Beispiel dafür, was alles die Wiener Küche beeinflusst hatte ...).

Einen viel größeren – man möchte fast sagen übermächtigen – Einfluss auf die Wiener Küche hatten aber die böhmischen Köchinnen. Junge Mädchen, die daheim kochen gelernt hatten, aber keine Arbeit fanden, pilgerten damals in Scharen nach Wien, wo sie meist als Köchinnen oder Stubenmädchen ihren Lebensunterhalt verdienten.

Es gab aber nicht nur unzählige böhmische Köchinnen, sondern selbstverständlich auch viele aus der Slowakei, aus Ungarn, aus der Ukraine, aus Polen, aus Slowenien sowie aus den verschiedenen österreichischen Herzogtümern und Grafschaften. Sie alle brachten ihre eigenen Spezialitäten und ihre eigene Art zu kochen mit nach Wien, was in Summe eine köstliche Mischung oder auf Wienerisch eine herrliche Melange ergab.

...um bei theuern Zeiten billige und doch vorzügliche Kost herzustellen

So lautete der Untertitel des 1860 im Verlag von Albert A. Wenedikt erschienenen Kochbuchs *Die praktische Wiener Vorstadt-Köchin als Meisterin in der Kochkunst.* Verblüffend an dem Aufbau dieses Werkes ist, dass über die Hälfte des gesamten Buchumfangs Mehlspeisen, Koche, Strudel, Knödel, Kompotte, süße Sulzen und Nachspeisen einnehmen. Das zeigt, wie beliebt Nach- bzw. Mehlspeisen bei der einfachen Wiener Bevölkerung waren. Wobei man damals nicht so streng zwischen „süß" und „salzig" unterschied. Neben unzähligen süßen Strudel-, Knödel- und anderen Mehlspeisrezepten findet man immer wieder auch herzhafte „salzige" Rezepte mit Speck, Innereien und Fleisch. In dem oben erwähnten Kochbuch, das die einfache Küche während der Wiener Gründerzeit sehr eindrucksvoll dokumentiert, überwiegen bei den Nachspeisen Schmalzgebäcke, Koche, Wandeln, Knödel und süße Nudelgerichte. Teure Früchte, edle Schokolade und andere Luxusartikel kamen hier nicht vor.

Ganz anders präsentiert sich das Kochbuch der Babette Franner – eine Herrschaftsköchin, die gewohnt war, aus dem Vollen zu schöpfen. *Die Wiener exquisite Küche* erschien 1893; Nachspeisen und Süßigkeiten nahmen auch hier etwa die Hälfte der enthaltenen Rezepte ein. Die Autorin verwendete aber im Gegensatz zur „Vorstadt-Köchin" viel Butter, teure Nüsse, (Süd-)Früchte und edle Schokolade. Auch an Zutaten wie Wein, Spirituosen und teurem Bohnenkaffee sparte sie nicht.

Blättert man das Buch der Geschichte um 200 Jahre zurück, dann stößt man auf das Werk *Ein ganz neues und nutzbares Koch-Buch* der Herzogin zu Troppau Eleonora Maria Rosalia, geborene Fürstin von Liechtenstein. In erster Linie widmete sich die hochwohlgeborene Dame in ihrem Buch der

Gesundheit. Erst als sie diesbezüglich alle Kapitel abgearbeitet hatte, fügte sie einen dünnen Kochteil hinzu. Mit nützlichen Tipps und erprobten Rezepten wollte sie zum allgemeinen Wohlbefinden der Menschen beitragen. Interessant ist die Tatsache, dass Zucker während der Barockzeit als teures, süßes Gewürz, das sich nur die wirklich Reichen und adeligen Herrschaften leisten konnten, in Apotheken gehandelt wurde. Für die fürstliche Dame war das Verwenden von exklusiven und teuren Zutaten wie beispielweise Zucker oder Südfrüchten allerdings kein zu hinterfragendes Thema.

Von Mehl- und Fastenspeisen

Die bereits erwähnte, kaum existierende Grenze zwischen süßen und salzigen Gerichten mag unter anderem auch darin ihren Ursprung haben, dass unter dem Begriff „Mehlspeisen" bis weit in das 19. Jahrhundert hinein auch würzige, aus Mehl zubereitete verstanden wurden. Die heute in Österreich gebräuchliche Bedeutung von Mehlspeisen (= Süßspeisen) war damals unbekannt.

In älteren Kochbüchern wie zum Beispiel in Katharina Braunins Werk *Neuestes bewährtes Kochbuch für Fleisch- und Fasttäge. Nach itzigen Geschmack für alle Stände* (erschienen 1799) werden Mehl- und Fastenspeisen in einem großen, gemeinsamen Kapitel angeführt. Dass diese Gruppe für die fast ausschließlich katholische Bevölkerung Wiens von großer Bedeutung war, liegt wohl auch daran, dass damals nicht nur während der 40-tägigen Fastenzeit zwischen Aschermittwoch und Osternacht, sondern auch an sämtlichen Freitagen gefastet wurde.

Apropos Geschmack: Das Geschmacksempfinden war früher etwas anders gelagert als heute. So findet man bei oben genannter Köchin unter den Mehl- und Fastenspeisen sogenannte „Kaiser-

fleckerln". Das waren in Teig eingehüllte, ausgelöste Flusskrebse, die in einer Kasserolle überbacken und vor dem Anrichten gezuckert wurden! Ein Geschmackserlebnis, das man heute wohl nur noch schwer nachvollziehen kann ...

Eine kaiserlich-königliche Melange

Kehren wir zum Beginn unserer Betrachtungen zurück: Das von den Habsburgern regierte Riesenreich, das unterschiedlichste Nationen und Volksgruppen unter einer Herrschaft vereinigte, brachte im Lauf der Jahrhunderte eine sehr interessante Mischung der verschiedenen Küchen zustande. Dies ist in den regionalen Kochbüchern der einzelnen Völker und Regionen gut nachzulesen. Wiener Guglhupf, Böhmische Kolatschen und Dalken, Linzer Torten, Vorarlberger Maultaschen und Tiroler Schlutzkrapfen finden sich in allen Kochbüchern des Kaiserreiches.

Kurzum, es war eine riesige Melange an Rezepten und Gerichten, die sich im gewaltigen „melting pot" der Donaumonarchie vermengte. Sosehr auch die einzelnen Nationen nach Selbstbestimmung und Selbstständigkeit strebten, beim Kochen spickte man gern ein bisschen was von den Nachbarn ab. Das trifft auf die Wiener Mehlspeisküche ganz besonders zu. Da hat man buchstäblich der Nachbarin in der Wohnung nebenan ins Häferl geguckt ...

Zumindest eine Nachspeise ist aber, was die Fülle und die Zubereitungsart betrifft, wirklich wienerisch: der Milchrahmstrudel. Ihn findet man bereits im Kochbuch der schon erwähnten Herzogin zu Troppau Eleonora Maria Rosalia, das 1720 in Wien erschienen ist. Damit diese Tradition fortgeführt wird, ist er auch in diesem Buch enthalten.

Von Nockerln, Pofesen und netten Kroketten

Begleiten Sie uns auf einer Entdeckungsreise!

„Nockerl" sagt man in Wien zu einem eingebildeten Mädchen. Das klingt ungleich charmanter als zum Beispiel das hochdeutsche Pendant „arrogante Zicke" Tja, Charme ist genau das, was viele der in diesem Buch beschriebenen Nachspeisen auszeichnet. Seien es nun die feinen Salzburger Nockerln oder deren entfernte pannonische Verwandte aus Somló.

Apart und herrlich fruchtig sind die gefüllte Birne, die gebackenen Feigen oder die „Äpfel im Schlafrock". All das sind Alt-Wiener Genüsse, die man zum Teil schon in den Küchen des Barocks zubereitet hat. Diese Köstlichkeiten hat Meisterpatissier Herwig Gasser mit viel Geduld und Liebe unserem heutigen Geschmack angepasst.

Faszinierend und ganz besonders nett sind auch die süßen Kroketten – traditionsreiche Schmankerln, die jedoch im Lauf der Zeit von den meisten Speiseplänen verschwunden sind. Wir haben sie in alten Wiener Kochbüchern aufgespürt und in unsere Rezeptauswahl aufgenommen.

Willkommen bei der Entdeckungsreise in das Wunderland der k. u. k. Nachspeisenküche! Sie werden sie genießen ...

ZUTATEN FÜR DIE NOCKERLN (6 Portionen)
330 g Schlagobers • 30 g Butter • 200 g glattes Mehl
160 g Eigelb • 120 g Eiweiß • 1 Prise Salz
90 g Feinkristallzucker • Mark einer Vanilleschote

ZUTATEN FÜR DIE VANILLESOSSE
330 g Milch • 100 g Eigelb • 300 g Schlagobers
Mark einer Vanilleschote • 30 g Vanillezucker

ZUTATEN FÜR DIE KARAMELLISIERTEN ÄPFEL
Butter • 50 g Feinkristallzucker
2 geschälte, entkernte und in Spalten geschnittene Äpfel

Zutaten und Zubereitung für das Hollerkoch
siehe Rezept Seiten 22/23

Tipp

So formen Sie Nockerln: Zwei Löffel in heißes Wasser tauchen. Zwischen den beiden Löffeln den Teig zu Nockerln kneten. Vor dem nächsten Durchgang die Löffel immer wieder ins Wasser tauchen.

Vanillenockerln
mit karamellisierten Äpfeln und Hollerkoch

Für die Nockerln Schlagobers, eingeschnittene Vanilleschote und Butter aufkochen. Vanilleschote herausnehmen, Mark auskratzen und dazugeben. Mehl einrühren und rösten, bis sich die Masse von der Kasserolle löst. Eigelb schnell einrühren. Eiweiß mit Kristallzucker und Salz zu Schnee schlagen und vorsichtig unter die Masse heben.

Milch in einer Kasserolle aufkochen. Aus dem Teig kleine Nockerln formen. Nockerln zu der köchelnden Milch geben und 8–10 Minuten sieden lassen.

Für die Soße warme Milch mit Eigelb und Obers, Mark der Vanilleschote und Vanillezucker versprudeln. Auf großer Flamme unter ständigem Rühren eindicken.

Für die karamellisierten Äpfel Kristallzucker hellbraun schmelzen. Butter dazugeben und aufkochen. Apfelspalten kurz darin schnwenken.

ZUTATEN FÜR DIE GEBACKENEN FEIGEN UND ÄPFEL (6 Portionen)

6 frische Feigen • 2 Äpfel

ZUTATEN FÜR DEN WEINTEIG

180 g glattes Weizen- oder Dinkelmehl
200 g Weißwein • 40 g Eigelb • 1 Prise Salz
60 g Eiweiß • 50 g Feinkristallzucker

ZUTATEN FÜR DEN SCHOKOLADE-ZIMT-SCHAUM

150 g Milch • 80 g Eigelb
40 g Kuvertüre (70 %) • 40 g Feinkristallzucker
1 Prise Zimt

Sonnenblumenöl zum Backen
Zimt und Staubzucker zum Bestreuen

Wissenswertes

Dieses Rezept stammt aus dem 1720 in Wien erschienenen Kochbuch der Herzogin zu Troppau Eleonora Maria Rosalia, geborene Fürstin von Liechtenstein. Man sieht, dass in den Küchen des Wiener Hochadels schon damals Südfrüchte verfügbar waren und diese auch in der Küche verarbeitet wurden.

Gebackene Feigen

mit gebackenen Äpfeln und warmem Schokolade-Zimt-Schaum

Für den Weinteig Mehl mit Wein und Eigelb verrühren. Eiweiß mit Kristallzucker und Salz zu Schnee schlagen und vorsichtig unter die Weinmasse heben. Äpfel schälen, in Spalten schneiden und das Kerngehäuse entfernen. Feigen und Apfelspalten mithilfe eines Holz- oder Metallspießes in Weinteig tauchen und in heißem Öl goldbraun backen.

Für den warmen Schokolade-Zimt-Schaum Milch in einer Schüssel im Wasserbad (40 °C) erwärmen. Schokolade und Zimt beifügen und unter Rühren schmelzen. Eigelb, und Kristallzucker leicht schaumig schlagen und unter die Schokolademasse ziehen. Masse im Wasserbad schaumig schlagen, bis sie das doppelte Volumen erreicht hat.

Feigen und Apfelspalten mit Zimtstaubzucker bestreuen und mit warmem Schokolade-Zimt-Schaum servieren.

ZUTATEN FÜR DIE NOCKERLN (4 Portionen)
150 g Milch • halbe Vanilleschote • 30 g Butter
210 g Eiweiß • 1 Prise Salz • 80 g Feinkristallzucker
abgeriebene Schale einer unbehandelten Zitrone
80 g Eigelb • 10 g Vanillezucker • 10 g glattes Mehl
10 g Kartoffelstärke

ZUTATEN FÜR DEN WALDMEISTER-BEERENRÖSTER
60 g Feinkristallzucker • 100 g Orangensaft
250 g gemischte Beeren • 50 g Grand Marnier
Prise klein gehackter Waldmeister

Staubzucker zum Bestäuben
Butter für die Form

Anekdote

Angeblich wurden die Salzburger Nockerln von Salome Alt, der Mätresse des Salzburger Erzbischofs Wolf Dietrich von Raitenau, erfunden. Sie schenkte ihm 15 Kinder sowie diese köstliche Nachspeise. Wie vieles andere, so ist auch diese regionale Spezialität später der Wiener Küche einverleibt worden.

Salzburger Nockerln

mit Waldmeister-Beerenröster

Für die Nockerln in einer ovalen, feuerfesten Form Milch mit der eingeschnittenen halben Vanilleschote aufkochen, vom Herd nehmen und 30 Minuten ziehen lassen. Schote herausnehmen, auskratzen und das Mark wieder beimengen.

Kühles Eiweiß in eine Schüssel geben, mit Salz und 1/3 des Kristallzuckers aufschlagen. Anschließend langsam den restlichen Kristallzucker hinzufügen und weiterschlagen, bis das Eiweiß cremig und fest ist.

Eigelb, Zitronenschale, Vanillezucker leicht schaumig rühren. Weizenmehl und Stärke trocken vermengen und mit dem Eigelbabtrieb vorsichtig unter den Eischnee ziehen.

Mit einer Teigkarte 4 typische pyramidenförmige Nockerln abheben und nebeneinander in die Form setzen. Im vorgeheizten Ofen bei 250 °C 10 – 12 Minuten backen.

Für den Waldmeister-Beerenröster Kristallzucker hellbraun karamellisieren. Mit heißem Orangensaft ablöschen und Kristallzucker darin auflösen. Gemischte Beeren, Grand Marnier und Waldmeister beimengen.

Nockerln mit Staubzucker bestäuben und mit dem Röster servieren.

ZUTATEN FÜR DIE APFELPOFESEN (6 Portionen)

5 Briochekipferln • 100 g Ribiselmarmelade • 2 Äpfel • etwas Zimtzucker
etwas Milch • 50 g Eier • 1 Handvoll Semmelbrösel

ZUTATEN FÜR DAS APFELMUS

400 g mürbe Äpfel • 60 g Weißwein • 150 g Wasser • 30 g Feinkristallzucker
1 Stange Zimtrinde • 1 Stück Sternanis • 2 Vanilleschoten • 1 Prise Kardamom
abgeriebene Schale einer halben unbehandelten Orange • 10 g Zitronensaft

ZUTATEN FÜR DAS HOLLERKOCH

500 g frische Holunderbeeren • 125 g Wasser
100 g Feinkristallzucker • Saft einer halben Zitrone • 1 Stange Zimtrinde
einige Gewürznelken • 10 g Rum (40 %)

Sonnenblumenöl zum Backen
Staubzucker und Zimt zum Bestreuen

Tipp

Statt der Briochekipferln können Sie auch einen Milchzopf oder Weißbrot verwenden.

Süße Apfelpofesen

mit gewürztem Apfelmus und Hollerkoch

Briochekipferln entrinden. In ca. 4 cm lange Stücke zerteilen und Taschen einschneiden. Äpfel schälen, Kerngehäuse entfernen und klein schneiden. Apfelstücke im Zimtzucker wälzen und mit der Marmelade in die Taschen füllen. Die gefüllten Briochestangen in Milch, dann in versprudelte Eier tauchen. In Semmelbröseln wälzen und im heißen Öl goldbraun backen. Abtropfen lassen. Mit Staubzucker und Zimt bestreuen.

Für das Mus Äpfel schälen und Kerngehäuse entfernen. Äpfel in kleine Stücke schneiden. Wasser, Kristallzucker, Zimtrinde, Sternanis, eingeschnittene Vanilleschoten, Kardamom und Orangenabrieb zum Sieden bringen. Apfelstücke dazugeben und sieden lassen, bis sie weich sind. Vanilleschoten, Zimtrinde und Sternanis entfernen, Mark der Vanilleschoten auskratzen und zu den Äpfeln geben. Äpfel zerdrücken, passieren und mit Zitronensaft abschmecken.

Für das Hollerkoch Holunderbeeren waschen und von den Stängeln zupfen.
Wasser, Kristallzucker und Gewürze aufkochen und danach Gewürze wieder entfernen. Holunderbeeren, Rum und Zitronensaft dazugeben und kurz aufkochen lassen.

ZUTATEN FÜR DIE NOCKERLN (10 Portionen)

450 g Eier • 180 g glattes Mehl • 180 g Feinkristallzucker • 15 g geriebene Walnüsse
10 g Kakaopulver • 20 g Vanillezucker • 1 Prise Salz • abgeriebene Schale einer unbehandelten Zitrone • 100 g geröstete und gemahlene Mandeln

ZUTATEN FÜR DIE VANILLECREME

1000 g Milch • 100 g Feinkristallzucker • 80 g Eigelb
80 g Vanillepuddingpulver • 250 g Schlagobers

ZUTATEN FÜR DEN SIRUP

200 g Feinkristallzucker • 200 g Wasser • 20 g Rum (40 %)

ZUTATEN FÜR DIE SCHOKOLADESOSSE

250 g Schlagobers • 150 g Kuvertüre

süßer Balsamico zum Garnieren

Tipp

Süßen Balsamico gibt es als Reduktion im gut sortierten Lebensmittelhandel fertig zu kaufen. Falls Sie süßen Balsamico selbst herstellen wollen, gehen Sie folgendermaßen vor: 100 g Feinkristallzucker karamellisieren. Mit 100 g heißem Wasser ablöschen und kochen, bis die Masse zähflüssig wird. Mit 50 g Balsamico abschmecken.

Somlóer Nockerln

mit Schokoladesoße und süßem Balsamico

Für die Nockerln Eier mit Kristallzucker, Salz, Vanillezucker und Zitronenschale im Wasserbad zuerst warm, danach kalt und schaumig schlagen. Mehl mit dem Schneebesen zügig unterheben. Biskuitmasse dritteln: 1/3 bleibt wie es ist, 1/3 wird mit Walnüssen und 1/3 mit Kakaopulver vermengt. Backblech mit Backpapier belegen. Die 3 Biskuitmassen getrennt aufstreichen und im vorgeheizten Ofen bei 190 °C etwa 12 Minuten backen. Danach Biskuit verkehrt herum auf ein mit Kristallzucker bestreutes Backpapier stürzen und abkühlen lassen.

Für die Vanillecreme 750 g Milch mit dem Kristallzucker aufkochen. Restliche Milch mit Eigelb und Puddingpulver glatt rühren und in die kochende Milch geben. Unter ständigem Rühren kurz aufkochen lassen. Im kalten Wasserbad kalt rühren. Steif geschlagenes Obers unterheben. Für den Sirup Wasser und Kristallzucker aufkochen und erkalten lassen. Rum beifügen.

Nussbiskuit mit dem Sirup tränken, mit Vanillecreme bestreichen, mit Mandeln bestreuen und auf eine geeignete Unterlage legen. Kakaobiskuit darauflegen, ebenfalls mit Sirup tränken und mit Vanillecreme bestreichen. Letztes Biskuit darauflegen, mit Sirup tränken und mit Vanillecreme bestreichen. Die geschichteten Biskuits über Nacht im Kühlschrank ziehen lassen. Am nächsten Tag Nockerln ausstechen, mit Schokoladesoße (Obers aufkochen und Kuvertüre darin auflösen) und süßem Balsamico garnieren.

ZUTATEN FÜR DIE ÄPFEL IM SCHLAFROCK (3 Portionen)

3 Äpfel

ZUTATEN FÜR DIE FÜLLE

60 g Rosinen • 20 g Rum (40 %) • 30 g Preiselbeermarmelade
60 g geröstete, gehackte Haselnüsse • 1 Prise Zimt

ZUTATEN FÜR DEN TEIG

150 g glattes Mehl • 10 g Backpulver • 1 Prise Salz • 40 g Feinkristallzucker
10 g Vanillezucker • 75 g Topfen (20 %) • 60 g Milch • 40 g Maiskeimöl

ZUTATEN FÜR DIE VANILLESOSSE

500 g Milch • 150 g Feinkristallzucker • 20 g Vanillezucker
20 g Vanillepuddingpulver • 20 g Rum (40 %)

ZUTATEN FÜR DAS SCHOKOLADEGELEE

100 g Milch • 50 g Bitterkuvertüre • 2 Blatt Gelatine
10 g Rum • 1 Prise Salz

Tipp

Am besten schmecken Äpfel im Schlafrock mit einer säuerlichen Apfelsorte wie Boskop, Elstar oder Granny Smith.

Äpfel im Schlafrock

mit Vanillesoße und Schokoladegelee

Äpfel waschen, trocken reiben und mithilfe eines Apfelausstechers die Kerngehäuse entfernen.

Für die Fülle Rosinen heiß abwaschen und kurz in Rum aufkochen. Rum abgießen. Rosinen mit Haselnüssen, Preiselbeermarmelade und Zimt vermischen. Äpfel damit füllen.

Für den Teig Mehl, Backpulver, Salz, Kristallzucker und Vanillezucker vermischen. Topfen mit Milch und Maiskeimöl glatt verrühren. Mehlmischung mit der Topfenmischung vermengen und kurz abkneten. Teig auf bemehlter Arbeitsfläche ca. 3 mm dick ausrollen. Äpfel mit Abstand auf den Teig stellen. Teig um jeden Apfel herum zu einem ausreichend großen Kreis ausschneiden. Teig jeweils über den Äpfeln zusammenklappen, sodass die Äpfel komplett mit Teig bedeckt sind.

Äpfel auf ein mit Backpapier ausgelegtes Backblech legen und im vorgeheizten Ofen bei 180 °C auf der mittleren Schiene ca. 40 Minuten backen.

Für die Vanillesoße 400 g Milch mit Kristallzucker und Vanillezucker aufkochen. Restliche kalte Milch mit Puddingpulver verrühren. Kochende Milch zufügen und rühren, bis die Masse eindickt. Rum dazugeben.

Für das Schokoladegelee Milch aufkochen und die Kuvertüre darin auflösen. Die im kaltenm Wasser eingeweichte, gut ausgedrückte Gelatine darin auflösen und den Rum sowie das Salz beimengen. In ein flaches, mit Frischhaltefolie ausgelegtes Gefäß gießen und ca. 2 Stunden an einen kühlen Ort stellen. Stürzen und in Würfel oder Streifen schneiden.

ZUTATEN FÜR DIE KROKETTEN (6 Portionen)
320 g Rundkornreis • 1000 g Milch • 160 g Feinkristallzucker
120 g Butter • 1 Prise Salz • 10 g starker Löskaffe
100 g geriebene Mandeln • 90 g Eigelb • 50 g Ei
100 g verquirlte Eier • 30 g Semmelbrösel

ZUTATEN FÜR DIE SCHOKOLADEMOUSSE
130 g weiße Schokolade • 90 g Eiweiß • 1 Prise Salz
20 g Cointreau • 10 g Vanillezucker • 220 g Schlagobers
abgeriebene Schale einer halben unbehandelten Orange

Sonnenblumenöl zum Backen

Tipp

Geben Sie beim Abkühlen die Frischhaltefolie direkt auf den gekochten Reis. So kann sich keine Kruste bilden.

Reiskroketten mit Kaffee

auf weißer Schokolademousse

Für die Kroketten Reis in Milch zugedeckt langsam kochen. Kristallzucker, Butter und Salz während des Kochens hinzufügen. Wenn die Masse breiig gekocht ist, Löskaffee sowie geriebene Mandeln zugeben und gut durchrühren. Mit Frischhaltefolie abdecken und kühl stellen.

Nach dem Erkalten Eigelb und Ei einrühren. Masse auf ein bemehltes Brett geben, daumendicke Kroketten oder runde Kugeln formen und in verquirltem Ei und Semmelbröseln wälzen. In heißem Öl backen und abtropfen lassen.

Für die Schokolademousse weiße Schokolade im Wasserbad (ca. 40 °C) unter ständigem Rühren schmelzen. Eiweiß mit Salz zu festem Schnee schlagen. Cointreau, Vanillezucker, Orangenschale und Schokolade zügig unter den geschlagenen Schnee rühren. Obers steif schlagen und vorsichtig unterheben.

Eine längliche Form mit Frischhaltefolie auslegen, Mousse einfüllen und mindestens 6 Stunden kühl stellen. Mousse stürzen, Folie abziehen, portionieren und mit den Kroketten servieren.

ZUTATEN FÜR DIE GEFÜLLTEN BIRNEN (6 Portionen)

6 kleine Birnen

ZUTATEN FÜR DIE FÜLLE

100 g geriebene Mandeln • 100 g Rosinen
30 g Feinkristallzucker • 1 Prise Zimt • 1 Prise Kardamom

ZUTATEN FÜR DEN BACKTEIG

200 g glattes Mehl • etwas Salz • 40 g Eigelb • 20 g Sonnenblumenöl
60 g Rum (40 %) 125 g Milch • 60 g Eiweiß • 40 g Feinkristallzucker

ZUTATEN FÜR DEN AMARETTOSCHAUM

200 g Milch • 80 g Feinkristallzucker • 50 g Marzipanrohmasse
20 g Vanillezucker • 50 g Amaretto • 20 g Vanillepuddingpulver • 60 g Eiweiß

Sonnenblumenöl zum Backen

Tipp

Für dieses Rezept eignen sich besonders kleinere Birnensorten (z. B. Gute Luise, Concorde, Gellerts Butterbirne oder Schweizer Wasserbirne), da große Birnen sich nur schwer herausbacken lassen.

Gefüllte Birnen

mit Amarettoschaum

Birnen waschen, aber nicht schälen! Oberes Drittel abschneiden und zur Seite legen. Birnen mithilfe eines Löffels aushöhlen.

Für die Fülle das Birnenfruchtfleisch fein hacken und mit Mandeln, Rosinen, Kristallzucker, Zimt sowie Kardamom vermengen. Ausgehöhlte Birnen mit der Mischung füllen und mit dem oberen Drittel wieder verschließen.

Für den Backteig Mehl in eine Schüssel sieben. Mit einer Prise Salz, Eigelb, Rum, Öl und Milch verrühren. Eiweiß mit einer Prise Salz steif schlagen. Kristallzucker unter ständigem Rühren dazugeben. Eischnee unter den Teig ziehen.

Eine Kasserolle bis zur Hälfte mit Öl füllen. Birnen durch den Teig ziehen und im heißen Fett schwimmend backen. Danach auf Küchenkrepp abtropfen lassen.

Für den Amarettoschaum Milch mit der Hälfte des Kristallzuckers, Marzipanrohmasse und Vanillezucker aufkochen. Amaretto mit Puddingpulver kalt vermengen, dann unter die kochende Milch ziehen und rühren, bis die Masse eindickt. Kurz kühl stellen. Eiweiß mit restlichem Kristallzucker zu einem festen Schnee schlagen und unter die Amarettomasse heben.

ZUTATEN FÜR DEN REIS (5 Portionen)

500 g Milch • 125 g Rundkornreis • 1/2 Vanilleschote
etwas abgeriebene Schale einer unbehandelten Zitrone
1 Prise Salz • 3 Blatt Gelatine • 80 g Feinkristallzucker
200 g Himbeeren • 10 g Himbeergeist (40 %)
250 g Schlagobers

ZUTATEN FÜR DAS HIMBEERPÜREE

100 g Himbeeren • 30 g Feinkristallzucker • 10 g Zitronensaft

Himbeeren und Mandelblättchen zum Dekorieren
Butter zum Auspinseln der Formen

Zutaten und Zubereitung für das Himbeergelee (ohne Pfeffer)
siehe Rezept Seiten 34/35

Anekdote

Das österreichische Adelsgeschlecht der Trauttmansdorff-Weinsberg ist bis ins 14. Jahrhundert zurückverfolgbar. Ferdinand Graf von Trauttmansdorff-Weinsberg (1825–1896) war nicht nur ein bekannter Wiener Diplomat, sondern auch ein großer Gourmet. Mitte des 19. Jahrhunderts soll er diese köstliche Nachspeise erfunden haben.

Reis à la Trauttmansdorff

Milch erhitzen. Reis, Vanilleschote, Zitronenschale und Salz dazugeben. Ungefähr 40 Minuten langsam kochen. Vanilleschote entfernen, Mark auskratzen und zur Masse geben. Gelatine in kaltem Wasser 5 Minuten einweichen und auspressen. Gemeinsam mit dem Kristallzucker in den fertig gekochten Reis einrühren. Die Masse auf ungefähr 30 °C abkühlen lassen.

Himbeeren in Himbeergeist beizen. Himbeergeist abgießen. Himbeeren in die gekochte Reismasse mischen. Steif geschlagenes Schlagobers vorsichtig unterziehen.

Für das Himbeerpüree Himbeeren, Kristallzucker und Zitronensaft mixen.

Die Masse in bebutterte Puddingförmchen (Ø ca. 5 cm) einfüllen und 2 – 3 Stunden in den Kühlschrank stellen. Dann die Puddingförmchen kurz in heißes Wasser tauchen und den Reis stürzen. Mit den Himbeeren, dem Himbeergelee sowie den Mandelblättchen dekorieren. Auf den pürierten Himbeeren servieren.

ZUTATEN FÜR DIE KROKETTEN (6 Portionen)

50 Maroni oder 300 g Maronipüree • 50 g Staubzucker
100 g heiße Butter • 40 g Vanillezucker • 1 Prise Salz
20 g Schlagobers • 120 g Eigelb • 50 g Eier
130 g Biskuit- oder Briochebrösel

ZUTATEN FÜR DAS HIMBEERGELEE

270 g Himbeermark (pürierte und passierte Himbeeren)
2 Blatt Gelatine • 10 g Zitronensaft • 45 g Staubzucker
1 Prise rosa Pfeffer • 10 g Himbeergeist (40 %)

Sonnenblumenöl zum Backen

Wissenswertes

Maroni bestehen zu einem Großteil aus Kohlenhydraten. Ihr Fettgehalt liegt bei 2%. Sie enthalten einen hohen Kalium- und Magnesiumanteil, die Vitamine B, C, E sowie Folsäure. Der hohe Kohlenhydratanteil hebt den Serotoninspiegel im Körper. Deshalb macht der Genuss von Edelkastanien gute Laune!

Maronikroketten

mit gepfeffertem Himbeergelee

Maroni kreuzweise einschneiden. Ungefähr 15 Minuten in siedendem Salzwasser kochen. Danach kalt abschrecken, schälen und passieren. Mit Staubzucker vermischen und zugedeckt kühl stellen. Falls Ihnen das zu aufwendig ist, können Sie geschälte Maroni oder auch fertiges Maronipüree verwenden.

Maronipüree in einer Kasserolle erhitzen. Mit heißer Butter, Vanillezucker, Salz und Schlagobers verrühren. Mit Frischhaltefolie abdecken und kühl stellen.

Kalte Masse auf ein mit Mehl bestaubtes Brett legen und daraus handtellergroße (Ø ca. 3 cm) Stücke formen. Auf jedes eine halbe Maroni legen und mit Teig umhüllen. In verquirltem Ei sowie Bröseln wälzen und in heißem Öl backen. Abtropfen lassen.

Für das gepfefferte Himbeergelee Gelatine 5 Minuten in kaltem Wasser einweichen. Himbeermark mit Zitronensaft, Staubzucker und rosa Pfeffer verrühren. Himbeergeist erwärmen, gut ausgedrückte Gelatine darin auflösen und Fruchtmark einrühren. Eine flache Form mit Frischhaltefolie auslegen und die Masse einfüllen. Drei Stunden kühl stellen, stürzen und in die gewünschte Form schneiden.

Maronikroketten und gepfeffertes Himbeergelee auf Tellern anrichten und servieren.

Knödel, Koch, Krapfen und Co.

Einfach, gemütlich und unaffektiert

Der österreichische Schriftsteller Moritz Gottlieb Saphir (1795–1858) schrieb u. a. Folgendes: „Die österreichischen Mehlspeisen sind ganz so wie die österreichischen Herzen, einfach, gemütlich – es sind halt unaffektierte Mehlspeisen."

Diese Diagnose trifft natürlich auch auf die Wiener Mehlspeisen zu. Wobei der Terminus „Mehlspeise" ein österreichisches bzw. wienerisches Spezifikum ist. Dieses Wort gibt es nirgends sonst im deutschen Sprachraum und es ist in seiner eigentlichen Bedeutung auch nicht übersetzbar. Dass zur Herstellung von Wiener Mehlspeisen aber nicht unbedingt Mehl benötigt wird, zeigt dieses Kapitel sehr deutlich. Denn ein Zitronen- oder Kestenkoch, aber auch ein Kaiserpudding sind Desserts, die ohne ein Stäubchen Mehl auskommen.

Ein paar Gedanken zur Gemütlichkeit: Gemütlich sind Wiener Nachspeisen allemal. Denn es gibt nichts Schöneres, als in einen verführerisch duftenden und herrlich dampfenden Marillen-, Erdbeer- oder Zwetschkenknödel zu stechen. Das berührt Körper und Seele gleichermaßen und erzeugt ein Gefühl von gemütlicher Zufriedenheit.

Ein Wort noch zum Thema „einfach": Die meisten Wiener Nachspeisenrezepte sind wirklich leicht nachzukochen. Binden Sie sich also eine Kochschürze um, schwingen Sie den Kochlöffel und stürzen Sie sich hinein ins süße Kochvergnügen!

ZUTATEN FÜR DIE KNÖDEL (8 Portionen)

8 Erdbeeren oder Marillen oder Zwetschken • 2 x 8 Stück Würfelzucker

ZUTATEN FÜR DEN TOPFENTEIG

50 g Butter • 10 g Vanillezucker • 1 Prise Salz • 40 g Eier • 100 g glattes Mehl
abgeriebene Schale einer halben unbehandelten Zitrone • 200 g Topfen (20 %)
20 g Vanillepuddingpulver

ZUTATEN FÜR DEN BRANDTEIG

380 g Milch • 30 g Butter • 1 Prise Salz • 230 g glattes Mehl • 60 g Eigelb

ZUTATEN FÜR DEN KARTOFFELTEIG

250 g geschälte, warme, passierte, mehlige Kartoffeln (Rohgewicht 375 g)
45 g Weizenstärkemehl • 15 g Hartweizengrieß • 20 g Eigelb
abgeriebene Schale einer halben unbehandelten Zitrone • 1 Prise Salz
Mark einer halben Vanilleschote • 15 g heiße Butter

ZUTATEN FÜR DIE BRÖSEL

100 g Briochebrösel • 50 g Butter

Staubzucker zum Bestäuben

Tipp

Statt Brioche- können Sie auch Semmelbrösel verwenden und in Butter goldbraun rösten.

Erdbeer-, Marillen-, Zwetschkenknödel

aus Topfen-, Brand- oder Kartoffelteig

Für den Topfenteig Butter, Vanillezucker, Salz und Zitronenschale schaumig rühren. Eier, Topfen, Mehl und Puddingpulver beimengen und kurz durchkneten. Erdbeeren entstielen, waschen und trocken tupfen. Aus dem Teig mit etwas Mehl kleine Kugeln formen, flach drücken, mit einer Erdbeere belegen und dann vollständig mit Teig umschließen. Zwischen den Handflächen zu Knödeln rollen. In einem großen Topf Salzwasser aufkochen lassen, Knödel hineingeben und 5 – 8 Minuten leicht köcheln lassen. Herausnehmen und sofort servieren.

Für den Brandteig Milch, Butter und Salz aufkochen. Mehl unter ständigem Rühren hinzufügen. Rösten, bis sich der Teig von der Wand der Kasserolle löst, und vom Feuer nehmen. Eigelb nach und nach einarbeiten. Teig mit Frischhaltefolie zugedeckt abkühlen lassen. Marillen waschen, entsteinen und trocken tupfen. In jede Marille ein Stück Würfelzucker einsetzen. Teig auf einer bemehlten Arbeitsfläche ca. 3 mm dick ausrollen und rund ausstechen. Marille darauflegen, zusammendrücken und wie oben beschrieben Knödel fertigen.

Für den Kartoffelteig warme, passierte Kartoffeln mit Weizenstärkemehl und Grieß verkneten. Eigelb, Vanillemark, Zitronenschale, heiße Butter sowie Salz zufügen und zu einem glatten Teig verkneten. Zwetschken waschen, entsteinen und trocken tupfen. In jede Zwetschke ein Stück Würfelzucker einsetzen. Teig auf einer bemehlten Arbeitsfläche ca. 3 mm dick ausrollen, rund ausstechen, eine Zwetschke darauflegen und wie oben beschrieben Knödel fertigen.

Briochebrösel in Butter langsam goldbraun rösten. Knödel mit Briochebröseln bestreuen und für 2 Minuten im auf 220 °C vorgeheizten Ofen backen. Anschließend zuckern und sofort servieren.

ZUTATEN FÜR DAS KOCH (6 Portionen)

80 g Milchschokolade • 60 g Butter • 30 g Staubzucker
30 g Vanillezucker • 1 Prise Salz • 100 g Eigelb • 150 g Eiweiß
40 g Feinkristallzucker • 70 g geschälte, geriebene Mandeln
60 g Semmelbrösel

ZUTATEN FÜR DEN VANILLESCHAUM

Mark einer Vanilleschote • 150 g Milch • 80 g Feinkristallzucker
20 g Vanillezucker • 20 g Vanillepuddingpulver
90 g Eiweiß • 1 Prise Salz

ZUTATEN FÜR DIE KARAMELLISIERTEN MARONI

12 geröstete, geschälte Maroni
100 g Feinkristallzucker • 100 g Butter

kandierter Ingwer zum Garnieren
Butter und Feinkristallzucker für die Förmchen

Tipp

Streuen Sie den klein geschnittenen, kandierten Ingwer erst kurz vor dem Servieren auf den Vanilleschaum.

Schokoladekoch

mit Vanilleschaum, kandiertem Ingwer und karamellisierten Maroni

Den Backofen auf 180 °C vorheizen und ein Wasserbad vorbereiten. Dazu eine Metallwanne mit ca. 5 cm Wasser füllen und auf der untersten Schiene in den Ofen stellen.

Für das Schokoladekoch 6 Auflaufförmchen (Inhalt 150 ml) mit Butter ausstreichen und mit Kristallzucker ausstreuen. Schokolade in kleine Stücke schneiden und im Wasserbad (40 °C) unter ständigem Rühren schmelzen. Handwarme Butter mit Staubzucker, Vanillezucker und einer Prise Salz gut schaumig rühren. Geschmolzene Schokolade dazugeben und nochmals schaumig rühren, dann das Eigelb nach und nach unterrühren. Eiweiß mit Kristallzucker zu cremigem Schnee schlagen. Schnee, Mandeln und Brösel behutsam unter die Schokoladenmasse heben. Die Förmchen bis 1 cm unter den Rand füllen und ins vorbereitete Wasserbad stellen. Die Förmchen sollten halbhoch im Wasserbad stehen. Etwa 20 Minuten garen lassen, aus dem Ofen nehmen und auf Teller stürzen. Mit Vanilleschaum, kandiertem Ingwer und karamellsierten Maroni servieren.

Für den Vanilleschaum das ausgeschabte Mark der Vanilleschote mit 2/3 der Milch, der Hälfte des Kristallzuckers und dem Vanillezucker aufkochen. Restliche kalte Milch mit dem Puddingpulver verrühren und der kochenden Milch hinzufügen. Rühren, bis die Masse eindickt. Kühl stellen. Eiweiß mit restlichem Kristallzucker und Salz zu festem Schnee schlagen und unter die Masse ziehen.

Für die karamellisierten Maroni: Esskastanien kreuzweise einschneiden. Im vorgeheizten Backofen bei 200 °C ca. 30 Minuten braten und aus der Schale lösen. Feinkristallzucker in der heißen Butter karamellisieren und Maroni darin schwenken.

ZUTATEN FÜR DAS SOUFFLÉ (ca. 4 Portionen)
2 unbehandelte Zitronen • 120 g Eigelb
150 g Feinkristallzucker • 180 g Eiweiß • 1 Prise Salz

ZUTATEN FÜR DIE HIMBEERMOUSSE
110 g Himbeermark (pürierte und passierte Himbeeren)
2 Blatt Gelatine • 20 g Naturjoghurt (3,5 %)
100 g Schlagobers • 30 g Eiweiß
30 g Feinkristallzucker • 10 g Zitronensaft

ZUTATEN FÜR DEN WALDBEERENRÖSTER
60 g Feinkristallzucker • 100 g Orangensaft
250 g gemischte Beeren • 50 g Grand Marnier

Butter und gemahlene Mandeln für die Förmchen

Tipp

Das Zitronensoufflé ist sehr flaumig und sollte unbedingt sofort (also ofenheiß) serviert werden. Wenn es nach dem Backen zu lange herumsteht, fällt es zusammen.

Flaumiges Zitronensoufflé

mit Himbeermousse und Waldbeerenröster

Für das Soufflé Zitronen unter heißem Wasser gründlich abbürsten. Schale von einer Zitrone abreiben und beide Zitronen auspressen. Eigelb und Kristallzucker vermengen. Mit Schneebesen so lange schlagen, bis eine dickcremige Masse entsteht.

Zitronensaft und Zitronenabrieb untermischen. Eiweiß mit Salz zu sehr steifem Schnee schlagen. Eischnee vorsichtig unter Eigelbmasse heben. Förmchen ausfetten und mit Mandeln ausstreuen. Masse in die Förmchen füllen und im vorgeheizten Backofen bei 200 °C auf der untersten Schiene 10 – 15 Minuten lang goldgelb backen.

Für die Himbeermousse Gelatine 5 Minuten in kaltem Wasser einweichen. Himbeermark mit Joghurt verrühren. Obers halb steif schlagen. Eiweiß mit Kristallzucker zu festem Schnee schlagen. Zitronensaft erwärmen, gut ausgedrückte Gelatine darin auflösen und unter das Himbeermark rühren. Schnee und Obers unterheben.
In eine geeignete Form füllen und mindestens 3 Stunden kühlen.

Für den Beerenröster Kristallzucker hellbraun karamellisieren. Mit heißem Orangensaft ablöschen und auflösen. Gemischte Beeren und Grand Marnier beimengen.

ZUTATEN FÜR DAS KOCH (8 Portionen)

90 g Eiweiß • 100 g Feinkristallzucker • 1 Prise Salz • 30 g Kuvertüre • 5 g Wasser
60 g Eigelb • 300 g Kastanienpüree (im Lebensmittelhandel erhältlich) • 30 g Semmelbrösel

ZUTATEN FÜR DIE SCHOKOLADESOSSE

100 g Feinkristallzucker • 100 g Wasser • 200 g Bitterschokolade • 20 g Rum (40 %)

ZUTATEN FÜR DAS KASTANIENOBERS

100 g Kastanienpüree • 20 g Staubzucker • 10 g Vanillezucker
10 g Rum (40 %) • 200 g Schlagobers

Fett und Staubzucker zum Einfetten und Ausstreuen der Förmchen

Zutaten und Zubereitung für die karamellisierten Kastanien (Maroni) siehe Rezept Seiten 40/41

Wissenswertes

„Keste" oder „Käste" ist ein alter Ausdruck für Kastanie (das Rezept des Kestenkochs stammt aus dem Jahr 1799!). Das Wort „Käste" gibt es nicht nur in Österreich, sondern auch in Hessen. Es ist auch dort eine Bezeichnung für Kastanie.

Kestenkoch

mit Schokoladesoße, Kastanienobers und karamellisierten Kastanien

Den Backofen auf 200 °C vorheizen und ein Wasserbad vorbereiten. Dazu eine Metallwanne mit ca. 5 cm Wasser füllen und auf der untersten Schiene in den Ofen stellen.

Für das Koch Schokolade im Wasserbad (ca. 40 °C) unter ständigem Rühren schmelzen und mit Wasser, Eigelb, Kastanienpüree und Semmelbröseln vermengen. Eiweiß mit Kristallzucker sowie Salz zu Schnee schlagen und unter die Masse ziehen. Masse in gefettete, mit Staubzucker ausgestreute Förmchen dreiviertelhoch einfüllen und ungefähr 20 Minuten in dem vorbereiteten Wasserbad backen.

Für die Schokoladesoße Kristallzucker und Wasser aufkochen. Bitterschokolade zerkleinern, beifügen und gut durchrühren, dann Rum beimengen.

Für das Kastanienobers das Kastanienpüree mit Staubzucker, Vanillezucker und Rum glatt rühren. Locker geschlagenes Obers untermischen.

ZUTATEN FÜR DIE KRAPFERLN (10 – 15 Stück)

250 g Wasser • 1 Prise Salz • 100 g Butter
150 g glattes Mehl • 200 g Eier

ZUTATEN FÜR DEN VANILLESCHAUM

230 g Milch • 30 g Vanillepuddingpulver
2 Vanilleschoten • 120 g Feinkristallzucker
60 g Naturjoghurt (3,5 %)
10 g Rum (40 %) • 6 Blatt Gelatine
700 g Schlagobers

250 g Erdbeeren

Tipp

Mit einer Teigspachtel können die Brandteigkrapferln unbeschädigt vom Blech gelöst werden.

Brandteigkrapferln

mit Vanilleschaum und Erdbeeren

Für die Brandteigkrapferln Wasser, Salz und Butter aufkochen. Mehl einrühren und rösten, bis sich die Masse von der Wand der Kasserolle löst. Eier schnell einrühren. Masse in einen Dressiersack füllen. Auf ein Blech (ohne Papier und Butter!) Krapferln dressieren. Krapferln mit Wasser beträufeln und im vorgeheizten Backofen bei 200 °C und geschlossenem Zug ca. 15 Minuten goldbraun backen. Dann bei offenem Zug oder etwas geöffneter Backofentür (Kochlöffel einklemmen) ca. 5 Minuten lang fertig backen.

Für den Vanilleschaum 50 g Milch mit Puddingpulver kalt verrühren. Restliche Milch mit eingeschnittenen Vanilleschoten und Kristallzucker aufkochen. Milch-Pudding-Mischung dazugeben und nochmals aufkochen lassen. Vanilleschoten herausnehmen, Mark auskratzen und in die Masse rühren. Joghurt und Rum ebenfalls beimengen. Die in kaltem Wasser eingeweichte, gut ausgedrückte Gelatine zufügen und alles im Wasserbad kalt rühren. Obers steif schlagen und unterziehen. Kühl stellen, bis die Masse leicht anzieht.

Brandteigkrapferln in der Mitte durchschneiden. Masse auf die untere Hälfte dressieren, zusammensetzen und mit Erdbeeren garnieren.

ZUTATEN FÜR DEN PUDDING (8 Portionen)

140 g Butter • 1 Prise Zimt
20 g Vanillezucker • 70 g Staubzucker
160 g Eigelb • 240 g Eiweiß
70 g Feinkristallzucker • 1 Prise Salz
140 g gestiftelte Mandeln
140 g Rosinen
140 g gehackte Pistazien
140 g Briochebrösel

ZUTATEN FÜR DAS WEINCHAUDEAU

125 g Weißwein • 40 g Feinkristallzucker
60 g Eigelb • 10 g Vanillezucker
1 Prise Zimt

Butter und Mehl für die Förmchen

Tipp

Statt Brioche- können Sie auch Biskuitbrösel verwenden.

Kaiserpudding

mit Weinchaudeau

Den Backofen auf 190 °C vorheizen und ein Wasserbad vorbereiten. Dazu eine Metallwanne mit ca. 5 cm Wasser füllen und auf der untersten Schiene in den Ofen stellen.

Für den Pudding Butter, Zimt, Vanillezucker und Staubzucker schaumig rühren. Eigelb nach und nach beimengen. Eiweiß mit Kristallzucker und Salz zu Schnee schlagen und mit den restlichen Zutaten unter den Butterabtrieb heben. Die Masse in gebutterte, bemehlte Förmchen füllen. In das vorbereitete Wasserbad stellen und ca. 35 Minuten sieden lassen. Aus dem Ofen nehmen und stürzen.

Für das Weinchaudeau Weißwein mit Kristallzucker, Eigelb, Vanillezucker und Zimt in einem Wasserbad warm und schaumig rühren.

Gute Strudel – gute Stimmung

Ein Wiener Welterfolg

Wussten Sie, dass es das Wort Strudel auch im Englischen gibt? Und zwar als Bezeichnung für – den Strudel. Tja, diese Wiener Nachspeise – das älteste Rezept ist in der Wiener Stadtbibliothek in einem *Koch Puech* aus dem Jahr 1696 nachzulesen – hat von Wien aus die ganze Welt erobert.

Die Ursprünge des Strudels stammen, wie fast alle anderen Wiener Rezepte auch, nicht aus Wien. Die dünnen Teigblätter, die zusammengerollt werden und eine wunderbare Fülle umschließen, gab es bereits vor dem Wiener Strudel im Osmanischen Reich. Als 1683 die Türkenbelagerung Wiens erfolgreich abgewendet worden war, hinterließen die flüchtenden Türken wahrscheinlich nicht nur einige Säcke Kaffee, sondern auch einige Portionen Baklava. Davon haben die Wiener und Wienerinnen gekostet, die Rezeptur weiterentwickelt und bereits 13 Jahre später in einem Kochbuch festgehalten.

Das Wort „Strudel" an sich kommt vom mittelhochdeutschen „stredan", das Wasserstrudel bedeutet. Und genauso wie ein Wasserstrudel kreist, wird auch jeder Strudel zusammengerollt. Wenn er dann im Rohr bäckt und köstlich zu duften beginnt, dann kann man mit Fug und Recht sagen: Gute Strudel – gute Stimmung.

ZUTATEN FÜR DEN TEIG (1 Strudel für eine Kastenform von ca. 35 cm)

250 g glattes Mehl • 20 g Sonnenblumenöl
1 Prise Salz • 100 g lauwarmes Wasser • 50 g Eier
Sonnenblumenöl zum Bestreichen

ZUTATEN FÜR DIE FÜLLE

100 g Weißbrot • 160 g Milch • 80 g Butter • 40 g Staubzucker • 10 g Vanillezucker
abgeriebene Schale einer halben unbehandelten Zitrone • 80 g Eigelb
160 g Sauerrahm • 120 g Eiweiß • 40 g Feinkristallzucker • 1 Prise Salz
30 g Biskuit- oder Biskottenbrösel • 40 g geschälte, geriebene Mandeln

ZUTATEN FÜR DIE EIERMILCH

70 g Milch • 50 g Eier • 10 g Vanillezucker

heiße Butter zum Bestreichen,
Staubzucker zum Bestreuen des Strudels

Zutaten und Zubereitung für die Vanillesoße siehe Rezept Seiten 26/27

Tipp

Wer will, kann selbstverständlich auch fertigen Strudelteig verwenden. Bevor Sie den Strudel aus der Kastenform nehmen, lösen Sie ihn mit einem Messer von den Rändern und heben ihn dann mit dem Butterbrotpapier aus der Form.

Milchrahmstrudel

mit Vanillesoße

Für den Strudelteig Mehl, Öl, Salz, lauwarmes Wasser und Eier zu einem glatten, weichen Teig kneten (Teig soll sich durch das Kneten vom Brett und von der Hand lösen). Teig zu einer Kugel formen, mit Öl bestreichen und etwa 40 Minuten an einem warmen Ort ruhen lassen. Teigkugel mit dem Rollholz auf einem bemehlten Küchentuch ausrollen, dann mit dem Handrücken hauchdünn ausziehen und mit heißer Butter bestreichen.

Für die Fülle Weißbrot entrinden, in kleine Würfel schneiden, in Milch einweichen und etwas ziehen lassen. Butter mit Staubzucker, Vanillezucker und Zitronenschale schaumig rühren. Eigelb nach und nach beifügen. Sauerrahm langsam einrühren. Eiweiß mit Kristallzucker und Salz zu einem festen Schnee schlagen. Brösel, Mandeln, eingeweichtes, ausgedrücktes Weißbrot und Schnee unter die Sauerrahmmasse heben. Für die Eiermilch alle genannten Zutaten miteinander verrühren.

Sauerrahmmasse auf dem hauchdünn ausgezogenen Strudelteig verstreichen. Dicke Teigränder rundum abschneiden. Strudelteig links und rechts ein wenig einschlagen und mithilfe des Küchentuchs einrollen. Eine Kastenform von ca. 35 cm Länge mit Butterbrotpapier auslegen. Strudel mit mit der Teignaht nach unten in die vorbereitete Kastenform gleiten lassen und die Oberfläche mit heißer Butter bestreichen.

Im vorgeheizten Backofen bei ca. 170 °C 30 Minuten backen. Dann die Eiermilch über den Strudel gießen und weitere 30 Minuten backen. Strudel leicht abkühlen lassen und mit Staubzucker betreuen. Aus der Kastenform heben, aufschneiden und mit warmer Vanillesoße servieren.

ZUTATEN FÜR DIE FÜLLE (1 Strudel für ein Blech von ca. 35 cm)
150 g Eier • 10 g Feinkristallzucker
10 g Vanillezucker • 130 g glattes Mehl
40 g geriebene Haselnüsse • 1 Prise Zimt
800 g Weintrauben

heiße Butter zum Bestreichen,
Staubzucker zum Bestreuen des Strudels

Zutaten und Zubereitung für das
Weinchaudeau siehe Rezept Seiten 48/49

Tipp

Ganz besonders gut schmecken hier Muskatellertrauben.
Allerdings haben sie viele Kerne.

Weintraubenstrudel

mit Weinchaudeau

Strudelteig wie auf Seiten 52/53 beschrieben zubereiten oder bereits fertigen Strudelteig verwenden.

Für die Fülle Eier mit Kristall- und Vanillezucker in einem Wasserbad (40 °C) warm rühren. Danach kalt und schaumig schlagen. Mehl mit Haselnüssen sowie Zimt trocken vermengen und vorsichtig unter die Eimasse ziehen.

Strudelteig zunächst auf einem bemehlten Küchentuch ausrollen, dann hauchdünn ausziehen und mit heißer Butter bestreichen. Die Haselnussmasse gleichmäßig darauf verteilen. Am Ende 5 cm frei lassen und diesen Streifen mit heißer Butter bestreichen. Weintrauben auf die Haselnussmasse legen. Dicke Teigränder rundum abschneiden.

Strudelteig links und rechts ein wenig einschlagen und mithilfe des Küchentuchs einrollen. Mit der Teignaht nach unten auf ein mit Backpapier belegtes Blech gleiten lassen und die Strudeloberfläche mit heißer Butter bestreichen. Im vorgeheizten Backofen bei 180 °C 40 – 50 Minuten backen.

Strudel leicht abkühlen lassen und mit Staubzucker bestreuen. In Stücke schneiden und noch warm mit Weinchaudeau servieren.

ZUTATEN FÜR DIE FÜLLE (1 Strudel für ein Blech von ca. 35 cm)
240 g Eiweiß • 40 g Zitronensaft • 280 g Feinkristallzucker
1 Prise Salz • 3 Blatt Gelatine • 30 g Wasser • 10 g Vanillezucker
60 g Heidelbeermarmelade • 100 g frische Heidelbeeren

ZUTATEN FÜR DIE BISKUITSTREIFEN
125 g Eier • 85 g Feinkristallzucker • 10 g Vanillezucker
1 Prise Salz • 40 g glattes Mehl • 40 g Maisstärke

ZUTATEN FÜR DIE BUTTERBRÖSEL
120 g Butter • 250 g Semmelbrösel

ZUTATEN FÜR DEN ZIMTZUCKER
300 g Feinkristallzucker • 10 g Zimt

abgeriebene Schale von 2 unbehandelten Zitronen
heiße Butter zum Bestreichen,
Staubzucker zum Bestreuen des Strudels

Zutaten und Zubereitung für den
Waldbeerenröster siehe Rezept Seiten 42/43

Tipp

Falls Ihnen das Biskuitbacken zu aufwendig ist, können Sie für dieses Rezept statt der Biskuitstreifen auch Biskotten verwenden.

Zitronen-Heidelbeer-Strudel

mit Waldbeerenröster

Strudelteig wie auf Seiten 52/53 beschrieben zubereiten oder bereits fertigen Strudelteig verwenden.

Für die Fülle Eiweiß, Zitronensaft, Kristallzucker und Salz zu einem festen Schnee schlagen. In kaltem Wasser eingeweichte Gelatine gut ausdrücken, durch Erwärmen in Wasser auflösen und in den Eischnee rühren. Vanillezucker unterheben. Für die Biskuitstreifen Eier mit Kristallzucker, Vanillezucker und Salz im Wasserbad heiß rühren, danach kalt und schaumig rühren. Mehl mit Maisstärke trocken vermengen und unter die Eiermasse ziehen. Backblech mit Backpapier belegen und die Masse auf eine Hälfte des Blechs gleichmäßig aufstreichen. Im vorgeheizten Backofen bei ca. 200 °C 10 Minuten backen. Biskuitstreifen auf ein mit Staubzucker bestreutes Backpapier stürzen und auskühlen lassen. Papier abziehen und zwei ca. 5 x 35 cm lange Streifen abschneiden. Den Rest des Biskuits für den nächsten Strudel einfrieren.

Für die Brösel Butter aufkochen. Semmelbrösel beimengen und unter ständigem Rühren hellbraun rösten.
Für den Zimtzucker Kristallzucker mit Zimt trocken vermengen.

Zur Fertigstellung den Strudelteig auf einem bemehlten Küchentuch zunächst ausrollen, dann hauchdünn ausziehen und mit einem Biskuitstreifen belegen. Mit Heidelbeermarmelade bestreichen, einen weiteren Biskuitstreifen auflegen und Heidelbeeren daraufgeben. Mit Butterbröseln und Zimtzucker bestreuen. Zitronenschneefülle aufdressieren und den Teig mithilfe des Küchentuchs einrollen. Mit der Teignaht nach unten auf ein mit Backpapier ausgelegtes Blech gleiten lassen, mit heißer Butter bestreichen und mit Zitronenabrieb bestreuen. Im vorgeheizten Backofen bei 220 °C ca. 10 Minuten backen. Strudel leicht abkühlen lassen und mit Staubzucker bestreuen. In Stücke schneiden und noch warm mit Waldbeerenröster servieren.

ZUTATEN FÜR DIE FÜLLE (1 Strudel für ein Blech von ca. 35 cm)
750 g entstielte, entkernte Weichseln
40 g Feinkristallzucker • 1 Prise Zimt
120 g Butterbrösel • 20 g Kirschwasser
20 g Vanillezucker

heiße Butter zum Bestreichen,
Staubzucker zum Bestreuen des Strudels

Zutaten und Zubereitung für die Butterbrösel siehe Rezept Seiten 56/57,
für den Amarattoschaum siehe Rezept Seiten 30/31

Tipp

Statt Weichseln können Sie auch Kirschen verwenden.
In diesem Fall lassen Sie den Zimtzucker einfach weg.

Weichselstrudel

mit Amarettoschaum

Strudelteig wie auf Seiten 52/53 beschrieben zubereiten oder bereits fertigen Strudelteig verwenden.

Für die Fülle Kristallzucker mit Zimt vermischen. Weichseln, Zimtzucker, Butterbrösel, Kirschwasser und Vanillezucker miteinander vermengen.

Den Strudelteig zunächst auf einem bemehlten Küchentuch ausrollen, dann hauchdünn ausziehen und mit heißer Butter bestreichen. Mit Butterbröseln bestreuen und die Fülle gleichmäßig darauf verteilen. Dicke Teigränder rundum abschneiden. Strudelteig links und rechts ein wenig einschlagen und mithilfe des Küchentuchs einrollen.

Mit der Teignaht nach unten auf ein mit Backpapier belegtes Blech gleiten lassen und die Oberfläche mit heißer Butter bestreichen. Im vorgeheizten Backofen bei 180 °C 30 – 40 Minuten backen.

Den Strudel leicht abkühlen lassen und mit Staubzucker bestreuen. In Stücke schneiden und noch warm mit Amarettoschaum servieren.

ZUTATEN FÜR DIE FÜLLE (2 Strudel für ein Blech von ca. 35 cm)
280 g Milch • 120 g Feinkristallzucker • 120 g kalte Milch
60 g Vanillepuddingpulver • 100 g Naturjoghurt (3,5 %)
40 g Cointreau • 700 g frische Erdbeeren

ZUTATEN FÜR DIE BISKUITSTREIFEN
250 g Eier • 170 g Feinkristallzucker • 10 g Vanillezucker • 1 Prise Salz
80 g glattes Mehl • 80 g Maisstärke • 60 g Erdbeermarmelade

ZUTATEN FÜR DAS WALDMEISTERGELEE
4 Blatt Gelatine • 200 g Waldbeeren
fein gehackter Waldmeister nach Geschmack
90 g Staubzucker • 200 g Orangensaft

heiße Butter zum Bestreichen,
Staubzucker zum Bestreuen des Strudels

Zutaten und Zubereitung für die Butterbrösel und den Zimtzucker siehe Rezepte Seiten 56/57

Tipp

Beim Backen sollte der Strudel nur leicht Farbe annehmen. Die Erdbeeren dürfen auf keinen Fall weich und matschig werden.

Erdbeerstrudel

mit Waldmeistergelee

Doppelte Menge Strudelteig wie auf Seiten 52/53 beschrieben zubereiten oder bereits fertigen Strudelteig verwenden.

Für die Fülle 2/3 der Milch mit Kristallzucker aufkochen. 1/3 kalte Milch mit Puddingpulver aufrühren, der kochenden Milch beimengen und rühren, bis Masse eindickt. Joghurt und Cointreau hinzufügen. Mit Frischhaltefolie zudecken und abkühlen lassen.

Für die Biskuitstreifen Eier mit Kristallzucker, Vanillezucker und Salz im heißen Wasserbad warm rühren. Dann kalt und schaumig schlagen. Mehl mit Maisstärke trocken vermengen und unter die Eimasse ziehen. Backblech mit Backpapier belegen und die Masse gleichmäßig aufstreichen. Im vorgeheizten Backofen bei 200 °C 10 Minuten backen. Biskuitfleck auf ein mit Staubzucker bestreutes Backpapier stürzen und auskühlen lassen. Papier abziehen, zwei Biskuitstreifen von ca. 5 x 35 cm abschneiden und mit Erdbeermarmelade zusammenkleben. Den Rest des Biskuits für den nächsten Strudel einfrieren.

Zur Fertigstellung den Strudelteig zunächst auf einem bemehlten Küchentuch ausrollen, dann hauchdünn ausziehen und mit heißer Butter bestreichen. Den zusammengeklebten Biskuitstreifen auf den unteren Teigrand legen, den glatt gerührten, überkühlten Pudding ca. 2 cm hoch auf den Biskuitstreifen dressieren und mit Erdbeeren belegen. Butterbrösel und Zimtzucker darüberstreuen. Am Ende 5 cm frei lassen und mit heißer Butter bestreichen. Strudelteig links und rechts ein wenig einschlagen und mithilfe des Küchentuchs vorsichtig einrollen.

Mit der Teignaht nach unten auf ein mit Backpapier belegtes Blech gleiten lassen und die Oberfläche des Strudels mit heißer Butter bestreichen. Im vorgeheizten Backofen bei 250 °C 5 – 7 Minuten backen. Den Strudel leicht abkühlen lassen und mit Staubzucker betreuen. In Stücke schneiden und noch warm mit Waldmeistergelee servieren.

Für das Waldmeistergelee Gelatine ca. 5 Minuten in kaltem Wasser einweichen. Waldbeeren mit Waldmeister und Staubzucker verrühren. Orangensaft erwärmen, gut ausgedrückte Gelatine darin auflösen und unter die Waldbeerenmasse rühren. In eine mit Frischhaltefolie ausgelegte Form füllen und mindestens 3 Stunden kühl stellen.

ZUTATEN FÜR DIE FÜLLE (1 Strudel für ein Blech von ca. 35 cm)
750 g Birnenspalten • 100 g Mandelkrokant
20 g Vanillezucker • 30 g Williamsbrand

ZUTATEN FÜR DEN MANDELKROKANT
50 g geschälte, geröstete Mandeln • 50 g Feinkristallzucker

heiße Butter zum Bestreichen,
Mandelkrokant und Staubzucker zum Bestreuen des Strudels

Zutaten und Zubereitung für die Schokoladesoße siehe Rezept Seiten 24/25, für die Butterbrösel siehe Rezept Seiten 56/57

Tipp

Damit der Strudelteig beim Einrollen nicht reißt, müssen die Birnenspalten der Länge nach auf den Strudelteig gelegt werden!

Birnen-Krokant-Strudel

mit Schokoladesoße

Strudelteig wie auf Seiten 52/53 beschrieben zubereiten oder bereits fertigen Strudelteig verwenden.

Birnen schälen, entkernen und in fingerdicke, längliche Spalten schneiden.

Für den Mandelkrokant Kristallzucker karamellisieren und die heißen, gerösteten Mandeln unterheben. Auf ein Backpapier geben, abkühlen lassen und reiben.

Strudelteig erst ausrollen, dann mit dem Handrücken hauchdünn ausziehen. Mit heißer Butter bestreichen und Butterbrösel auf den Strudelteig streuen. Mandelkrokant, Vanillezucker sowie Birnenspalten gleichmäßig auf dem Teig verteilen und mit Williamsbrand beträufeln. Dicke Teigränder rundum abschneiden.

Strudelteig links und rechts ein wenig einschlagen und mithilfe des Küchentuchs einrollen. Mit der Teignacht nach unten auf ein mit Backpapier belegtes Blech gleiten lassen, Oberfläche des Strudels mit heißer Butter bestreichen und im vorgeheizten Backofen bei 190 °C 30 – 40 Minuten backen.

Strudel leicht abkühlen lassen. Mit Staubzucker und Krokant bestreuen. In Stücke schneiden und mit Schokoladesoße servieren.

ZUTATEN FÜR DIE FÜLLE (1 Strudel für eine Kastenfom von ca. 35 cm)
250 g Biskuit- oder Biskottenbrösel • 250 g Milch • 60 g Bitterschokolade
60 g Butter • 20 g Staubzucker • 10 g Vanillezucker • 1 Prise Zimt
80 g Eigelb • 20 g Rum (40 %) • 120 g Eiweiß • 1 Prise Salz • 300 g Birnen

ZUTATEN FÜR DEN WALNUSSKROKANT
30 g Feinkristallzucker • 30 g geröstete Walnüsse

heiße Butter zum Bestreichen,
Staubzucker zum Bestreuen des Strudels
Vanilleeis

Zutaten und Zubereitung für die Schokoladesoße
siehe Rezept Seiten 24/25

Tipp

Wer weder Biskuit- noch Biskottenbrösel verwenden möchte oder zur Hand hat, kann auch entrindete, in kleine Würfel geschnittene Briochekipferln verwenden.

Schokolade-Birnen-Strudel

Strudelteig wie auf Seiten 52/53 beschrieben zubereiten oder bereits fertigen Strudelteig verwenden.

Für den Walnusskrokant Kristallzucker karamellisieren. Geröstete Walnüsse heiß beimengen. Danach auf ein Backpapier leeren. Abkühlen lassen und grob hacken.

Für die Fülle würfelig geschnittene Biskuit- oder Biskottenbrösel mit Milch übergießen. Bitterschokolade unter ständigem Rühren im Wasserbad (ca. 40 °C) schmelzen. Butter mit Staubzucker, Vanillezucker, Zimt und der flüssigen Bitterschokolade schaumig rühren. Eigelb und Rum nach und nach hinzufügen. Eiweiß mit Salz zu festem Schnee schlagen. Schnee, Walnusskrokant sowie aufgeweichte Brösel unter die Buttermasse ziehen. Birnen schälen, entkernen und in fingerdicke, längliche Spalten schneiden.

Strudelteig zunächst auf einem bemehlten Küchentuch ausrollen, dann hauchdünn ausziehen. Mit heißer Butter bestreichen und Schokolademasse darauf verteilen. Auf den linken Rand des Teiges die Birnenspalten der Länge nach auflegen. Dicke Teigränder rundum abschneiden. Strudelteig links und rechts ein wenig einschlagen und mithilfe des Küchentuchs einrollen. Kastenform von etwa 35 cm Länge mit heißer Butter bestreichen und mit Mehl ausstreuen. Strudel mit der Teignaht nach unten in Kastenform legen und die Oberfläche des Strudels mit heißer Butter bestreichen. Im vorgeheizten Backofen bei 170 °C 45 Minuten backen. Den Strudel etwas abkühlen lassen und mit Staubzucker betreuen. In Stücke schneiden und noch warm mit Schokoladesoße und einer Kugel Vanilleeis servieren.

Mehlspeisen aus Germ hat jeder gern

Traditionsreich, witzig und originell

Wespennest, gebackene Mäuse, Liwanzen ... Das alles klingt einfach tierisch und schmeckt auch tierisch gut. Es gibt wohl keinen anderen Bereich bei den Wiener Nachspeisen, der so skurrile und ausgefallene Namen aufweisen kann wie die Germmehlspeisen.

Apropos Germ: Diese Wiener Bezeichnung für Hefe stammt wahrscheinlich von dem althocheutschen „garawen" ab, das so viel wie „sich breitmachen" bedeutet. Manche Quellen meinen auch, dass der Ursprung des Wortes noch älter sei und vom lateinischen „germen" (= Keim) abstamme. Wie auch immer, Faktum ist, dass die Germmehlspeisen urwienerisch und sehr alt sind. Schon im Mittelalter gab es in Wien „Krapfenpacherinnen", die köstliche Germteigkrapfen in heißem Schmalz zubereitet haben (nachzulesen in der *Wiener Kochordnung* von 1486).

Die im Kapitel „Geschichte und Geschichten" erwähnte Herzogin und Kochbuchautorin Eleonora Maria Rosalia hatte übrigens auch eine Vorliebe für Mehlspeisen aus Germteig. Hier ist erstmals das „Wespennest" zu finden, das dann durch die Jahrhunderte immer wieder in Wiener Kochbüchern auftaucht. Da es heute in Wien vergessen ist, freut es uns besonders, diese Alt-Wiener Spezialität zu neuem Leben zu erwecken. Denn Mehlspeisen aus Germ haben die Menschen seit Jahrhunderten gern.

ZUTATEN FÜR DIE LIWANZEN (10 PORTIONEN)

10 g Germ • 160 g Milch • 120 g Eigelb
140 g glattes Mehl • etwas Salz • 10 g Vanillezucker
abgeriebene Schale einer halben unbehandelten Zitrone
30 g Eiweiß • 20 g Feinkristallzucker

ZUTATEN FÜR DAS ORANGENGELEE

4 Blatt Gelatine • 550 g Orangensaft
90 g Staubzucker • 20 g Grand Marnier

Sonnenblumenöl zum Backen
Staubzucker zum Dekorieren
Powidl zum Füllen

Tipp

Achten Sie darauf, dass die Pfanne nicht zu heiß wird.
Backen Sie die Liwanzen langsam.

Liwanzen
mit Orangengelee

Für den Teig Germ in kalter Milch auflösen. Mit Eigelb, Mehl, einer Prise Salz, Vanillezucker und Zitronenabrieb zu einem glatten Teig verrühren. Eiweiß mit Kristallzucker und einer Prise Salz zu festem Schnee schlagen und vorsichtig unter die Masse heben. In einer Pfanne Öl erhitzen. Mithilfe eines Löffels Liwanzen von ca. 5 cm Durchmesser hineinsetzen und auf beiden Seiten goldgelb backen.

Für das Orangengelee Gelatine in kaltem Wasser einweichen. Orangensaft mit Staubzucker verrühren. Grand Marnier erwärmen, gut ausgedrückte Gelatine darin auflösen und unter den Orangensaft rühren. In eine Form füllen und mindestens 3 Stunden kühl stellen.

Liwanzen mit Powidl bestreichen und zusammensetzen. Zuckern und mit Orangengelee servieren.

ZUTATEN FÜR DIE WESPENNESTER

160 g Butter • 30 g Staubzucker • 1 Prise Salz
50 g Ei • 90 g Eigelb • 30 g Germ • 155 g Milch
540 g glattes Mehl • 150 g Rosinen • 150 g Pignolien
150 g gestiftelte Mandeln

ZUTATEN FÜR DIE NOUGATMOUSSE

50 g Eier • 20 g Eigelb • 2 Blatt Gelatine
10 g Rum (40 %) • 90 g Milchkuvertüre
60 g Haselnussnougat • 220 g Schlagobers

heiße Butter zum Bestreichen des Strudels und der Form
Kristallzucker zum Ausstreuen der Form
Staubzucker zum Dekorieren

Tipp

Wenn Sie den Löffel vorher in heißes Wasser tauchen,
können Sie besonders schöne Nougatnockerln ausstechen.

Wespennester
mit Nougatmousse

Für die Wespennester Butter und Staubzucker schaumig schlagen. Salz, Ei und Eigelb verrühren und nach und nach in den Butterabtrieb einarbeiten. Germ in lauwarmer Milch (30 °C) auflösen, mit dem Mehl zum Butterabtrieb geben. Zu einem glatten, geschmeidigen Teig kneten. Zugedeckt an einen warmen Ort stellen, auf doppelte Größe aufgehen lassen und nochmals zusammenkneten. Auf eine mit Mehl bestaubte Arbeitsfläche legen und dünn ausrollen (ca. 2 mm). Mit heißer Butter bestreichen und mit Rosinen, Pignolien sowie Mandeln bestreuen und wie einen Strudel einrollen. Eine feuerfeste Form mit Butter ausstreichen und mit Kristallzucker ausstreuen.

Von der Rolle ca. 2 cm dicke Scheiben abschneiden. Scheiben in einer runden Kasserolle hochkant ganz eng nebeneinander stellen und mit heißer Butter bestreichen. Kasserolle mit Tuch bedecken und an einem warmen Ort rasten lassen, bis der Teig doppelt so hoch ist. Nochmals mit heißer Butter bestreichen. Im vorgeheizten Backofen bei 170 °C backen 30 – 40 Minuten backen. Abkühlen lassen und stürzen. Die einzelnen Wespennester herausbrechen, zuckern und mit Nougatmousse servieren.

Für die Nougatmousse Kuvertüre mit Nougat im Wasserbad (ca. 40 °C) unter ständigem Rühren schmelzen. Eier und Eigelb im Wasserbad warm rühren, danach kalt und schaumig rühren. Die in kaltem Wasser eingeweichte, gut ausgedrückte Gelatine durch Erwärmen mit Rum auflösen und unter die Eimasse ziehen. Schokolade-Nougat-Gemisch schnell unterziehen. Zum Schluss das geschlagene Obers vorsichtig unterheben. Kühl stellen.

ZUTATEN FÜR DIE KOLATSCHEN (8 – 10 STÜCK)

50 g Ei • 70 g Feinkristallzucker • 1 Prise Salz • 10 g Vanillezucker • 20 g Rum
abgeriebene Schale einer unbehandelten Zitrone • 80 g Butter
500 g glattes Mehl • 35 g Germ • 230 g lauwarme Milch

ZUTATEN FÜR DIE TOPFENFÜLLE

60 g Butter • 90 g Staubzucker • 500 g Topfen (20 %) • 100 g Eigelb • 30 g Speisestärke
20 g Rum (40 %) • 150 g Eiweiß • 90 g Feinkristallzucker • 1 Prise Salz

ZUTATEN FÜR DIE MOHNFÜLLE

250 g gemahlener Mohn • 100 g Feinkristallzucker • 50 g Semmelbrösel • 250 g Milch • 30 g Rum

ZUTATEN FÜR DIE POWIDLFÜLLE

200 g Powidl • 200 g Marillenmarmelade
40 g Eigelb • 50 g gehobelte geröstete Mandeln

Marillenmarmelade und Mandelblättchen

Wissenswertes

Je länger die Ruhezeit eines Germteiges ist, desto besser können sich die Aromen entfalten. **Achtung:** Wenn der Teig zu warm wird, „stirbt" die Germ und der Teig wird nicht flaumig.

Böhmische Kolatschen

Für den Teig Ei, Kristallzucker, Salz, Vanillezucker und Rum verrühren. Zitronenschale beifügen. Butter schmelzen und unter die Eimasse ziehen. Germ in lauwarmer Milch (30 °C) auflösen. Die beiden Mischungen mit Mehl zu einem glatten Teig kneten, mit einem Tuch bedecken und an einem warmen Ort etwa auf doppelte Größe aufgehen lassen.

Für die Topfenfülle Butter mit Staubzucker schaumig rühren. Topfen dazugeben und glatt rühren. Eigelb, Speisestärke und Rum unterziehen. Eiweiß mit Kristallzucker zu steifem Schnee schlagen und unter die Topfenmasse heben.

Für die Mohnfülle Mohn, Kristallzucker und Semmelbrösel mischen und in die kochende Milch rühren. Unter ständigem Rühren nochmals aufkochen und dann kurz abkühlen lassen. Rum dazurühren. Für die Powidlfülle alle genannten Zutaten glatt miteinander verrühren.

Den Germteig nochmals durchkneten und zu einer Rolle formen. Gleich große Scheiben von ungefähr 60 g abschneiden und diese zu Kugeln formen. Ca. 10 Minuten zugedeckt rasten lassen. Mit der Hand flach drücken. Die drei Füllen mithilfe eines Dressiersacks abwechselnd kreisförmig aufbringen. Auf ein mit Backpapier belegtes Backblech legen und nochmals ca. 20 Minuten rasten lassen.

Die Kolatschen im vorgeheizten Backofen bei 190 °C 15 – 20 Minuten backen. Leicht abkühlen lassen und mit heißer Marillenmarmelade bestreichen sowie mit Mandelblättchen bestreuen.

ZUTATEN FÜR GEBACKENE MÄUSE (6 – 8 PORTIONEN)

300 g glattes Mehl • 15 g Germ
170 g Milch • 25 g Feinkristallzucker • 60 g Eigelb
20 g Rum (40 %) • 10 g Vanillezucker • 1 Prise Kardamom
1 Prise Salz • 50 g zerlassene Butter

ZUTATEN FÜR DAS VANILLE-APFELMUS

400 g mürbe Äpfel • 30 g Feinkristallzucker
abgeriebene Schale einer halben unbehandelten Orange
60 g trockener Weißwein • 2 Vanilleschoten
10 g Zitronensaft

Sonnenblumenöl zum Backen
Zimt und Staubzucker zum Bestäuben

Tipp

Achtung: Salz darf niemals direkt mit Germ in Berührung kommen. Bei direktem Salzkontakt oder bei zu heißer Milch verliert Germ ihre Wirkung.

Gebackene Mäuse

mit Vanille-Apfelmus

Für den Teig Germ in lauwarmer Milch mit etwas Kristallzucker auflösen. Erwärmtes Mehl in eine warme Schüssel sieben und in die Mitte eine Mulde drücken. Den Vorteig dazugeben und teilweise mit Mehl vermischen und mit Mehl bestreuen. An einen warmen Ort stellen und gehen lassen, bis das Mehl Risse aufweist. Eigelb, restlichen Kristallzucker, Rum, Vanillezucker, Kardamom, Salz und Butter beigeben. Zu einem geschmeidigen Teig kneten und an einem warmen Ort etwa auf doppelte Größe gehen lassen.

Teig in größere Stücke aufteilen. Daraus Stränge rollen und ca. 20 g schwere Teigstücke abschneiden und mit der Hand zu Spitzmäusen formen. Auf eine bemehlte Arbeitsfläche setzen und mit einem Tuch zudecken. An einem warmen Ort bis zur doppelten Größe aufgehen lassen. In heißem Öl backen.

Für das Mus Äpfel schälen, Kerngehäuse entfernen und in kleine Stücke schneiden. Wasser, Kristallzucker, Orangenabrieb, Wein sowie aufgeschnittene Vanilleschoten in einen Topf geben und zum Sieden bringen. Apfelstücke dazugeben und so lange sieden lassen, bis sie weich sind. Vanilleschoten herausnehmen, Mark auskratzen und zur Masse geben. Äpfel mithilfe eines Kochlöffels zerdrücken und die Masse verrühren. Mit ein bisschen Zitronensaft abschmecken.

Gebackene Mäuse mit Zimt und Staubzucker bestreuen und mit Vanille-Apfelmus servieren.

ZUTATEN FÜR DIE BUCHTELN (8 PORTIONEN)

80 g Eigelb • 50 g Feinkristallzucker
1 Prise Salz • 10 g Vanillezucker • 30 g Rum (40 %)
abgeriebene Schale einer halben unbehandelten Zitrone
90 g Butter • 30 g Germ • 150 g lauwarme Milch
450 g glattes Mehl • 80 g Kuvertüre

ZUTATEN FÜR DIE VANILLE-INGWER-SOSSE

500 g Milch • 100 g Feinkristallzucker
20 g Vanillezucker • 20 g Vanillepuddingpulver
20 g Absinth • 100 g kandierter Ingwer

Marillenmarmelade oder Powidl zum Füllen
heiße Butter zum Bestreichen

Zutaten und Zubereitung für die Schokoladesoße
siehe Rezept Seiten 24/25

Anekdote

Die ursprünglich aus Böhmen stammenden Buchteln sind heute eine echte Wiener Spezialität. Den legendären Buchteln im Café Hawelka setzte der Wiener Liedermacher Georg Danzer in seinem Hit *Jö schau* ein Denkmal.

Buchteln mit Schokoladestückchen

und Vanille-Ingwer-Soße

Für den Teig Eigelb mit Kristallzucker, Salz, Vanillezucker, Zitronenschale sowie Rum verrühren. Butter schmelzen und unter die Eigelbmasse ziehen. Germ in lauwarmer Milch auflösen. Eigelbmasse und Milchgemisch mit Mehl zu einem glatten Teig kneten. Teig mit einem Tuch bedecken. An einem warmen Ort aufgehen lassen, bis er das doppelte Volumen erreicht hat. Backblech und Tortenreifen (Ø 24 cm) mit heißer Butter bestreichen. Tortenreifen auf das Backblech setzen.

Grob gehackte Kuvertüre dem Teig beimengen und nochmals durchkneten. Den Teig auf einer bemehlten Arbeitsfläche ca. 3 mm dünn ausrollen und in 6 x 6 cm große Quadrate schneiden. Mit Marillenmarmelade oder Powidl füllen, zusammenklappen und gut verschließen. Mit dem Verschluss nach unten eng in den Tortenreifen setzen. Die Oberfläche mit heißer Butter bestreichen. Buchteln nochmals etwa auf doppelte Größe gehen lassen.

Im vorgeheizten Backofen bei 170 °C ca. 45 Minuten goldbraun backen. Buchteln etwas abkühlen lassen und vom Reifen schneiden. In Portionen teilen und mit warmer Vanille-Ingwer-Soße und Schokoladesoße servieren.

Für die Vanille-Ingwer-Soße 400 g Milch, Kristall- und Vanillezucker aufkochen. Restliche Milch und Puddingpulver glatt rühren, in die kochende Milch geben und rühren, bis die Milch eindickt. Kurz abkühlen lassen. Absinth und geschnittenen, kandierten Ingwer hinzufügen.

Schmarrn und Früchterln – ein köstliches Duett

Kostengünstig und köstlich

Ein Schmarrn ist im Wienerischen etwas, das nicht viel wert ist. Und genau diesem Umstand verdankt der süße Schmarrn ursprünglich seinen Namen. So ein Schmarrn wird in der Regel mit sehr einfachen und kostengünstigen Zutaten hergestellt. Die Zubereitung ist meist unkompliziert. So soll ja auch der berühmteste Schmarrn, der Kaiserschmarrn, zu seinem Namen gekommen sein.

Kaiser Franz Josef I. weilte jedes Jahr im Sommer in Bad Ischl im Salzkammergut. Dort ging er seiner großen Leidenschaft, dem Jagen, nach. Als der Kaiser gemeinsam mit einigen einheimischen Waidmännern bei einem Jagdausflug von einem Unwetter überrascht wurde, flüchteten er und seine Begleiter in eine Almhütte, wo sie schließlich auch übernachteten. Zum Abendessen gab es ein einfaches Gericht aus Eiern, Mehl und Milch. Als man das dem Kaiser vorsetzte, brummte er: „Was ist denn das für ein Schmarrn?" Dieser Schmarrn mundete ihm aber so sehr, dass diese Speise der Anekdote nach eines seiner Lieblingsgerichte wurde und den Namen *Kaiserschmarrn* erhielt.

Damit ein Schmarrn aber unvergesslich gut schmeckt, gehört ein Kompott, ein Röster oder eine Fruchtsoße dazu. Dieses Duett garantiert in jedem Fall Hochgenuss.

ZUTATEN FÜR DEN KAISERSCHMARRN (4 PORTIONEN)

180 g Eiweiß • 40 g Feinkristallzucker • etwas Salz • 250 ml Milch
130 g glattes Mehl • 120 g Eigelb • etwas Zitronensaft • 10 g Rum (40 %)
10 g Vanillezucker • 50 g Butter • 50 g Rosinen

ZUTATEN FÜR DEN ZWETSCHKENRÖSTER

500 g kleine, nicht zu weiche Zwetschken
100 g Feinkristallzucker • 100 g trockener Rotwein • 1 Prise Zimt
in Streifen geschnittene Schale einer halben unbehandelten Orange
Saft einer Zitrone

Staubzucker zum Bestreuen

Zutaten und Zubereitung für die karamellisierten Äpfel
siehe Rezept Seiten 16/17

Wissenswertes

Dass nicht nur der Kaiser seinen Schmarrn zu schätzen wusste, sondern dass man im alten Wien Mehlspeisen generell liebte, kann man in *Wien – Ein Führer durch die Stadt und Umgebung* nachlesen (herausgegeben 1908): „Berühmt sind die Mehlspeisen, unter welchen die mannigfaltigen, im Jargon ‚Koch' genannten Aufläufe, die ‚Schmarrn' (zerbröckelter Teig in verschiedener Zubereitung leicht gebacken), die Strudel am häufigsten die Speisekarten füllen."

Kaiserschmarrn

mit karamellisierten Äpfeln und Zwetschkenröster

Für den Schmarrn Eiweiß mit Kristallzucker und einer Prise Salz zu Schnee schlagen. Milch, Mehl, Eigelb, Zitronensaft, Rum, Vanillezucker und einer Prise Salz glatt rühren. Eischnee unter den Teig heben. In einer Pfanne Butter erhitzen, Rosinen kurz anbraten und den Teig hinzufügen.

Zuerst am Herd backen, dann wenden und beidseitig im vorgeheizten Backofen bei 180 °C fertig backen, bis der Schmarrn eine braune Farbe hat. Pfanne aus dem Ofen nehmen. Teig mithilfe zweier Gabeln in kleine Stücke reißen. Butterflocken darauflegen, mit Staubzucker bestreuen und nochmals kurz im Ofen karamellisieren. Mit Staubzucker bestreuen.

Für den Röster Zwetschken halbieren und entsteinen. Kristallzucker hell karamellisieren, mit Rotwein ablöschen und auf die Hälfte einkochen lassen. Zwetschken, Zimt sowie Orangenschale zugeben und 8 – 10 Minuten köcheln lassen. Orangenschale entfernen, mit Zitronensaft abschmecken und kalt stellen.

ZUTATEN FÜR DEN SCHEITERHAUFEN (6 PORTIONEN)

8 Briochekipferln • 750 g Milch • 100 g Eier • 1 Prise Salz
100 g Feinkristallzucker • 20 g Vanillezucker
750 g säuerliche Äpfel • 1 Prise Zimt

ZUTATEN FÜR DIE SCHNEEHAUBE

90 g Eiweiß • 60 g Feinkristallzucker
1 Prise Salz • einige Mandelblättchen

ZUTATEN FÜR DAS APFELMUS

500 g säuerliche Äpfel • 100 g Weißwein
200 g Wasser • 80 g Feinkristallzucker • 1 Prise Zimt

ZUTATEN FÜR DIE KARAMELLISIERTEN WACHOLDERBEEREN

100 g Wacholderbeeren • 50 g Feinkristallzucker
70 g Orangensaft • 1 Prise Zimt • 10 g Vanillezucker

Wissenswertes

Wussten Sie, dass Wacholderbeeren gut gegen Sodbrennen, Völlegefühl, Blähungen und andere Verdauungsbeschwerden sind?

Scheiterhaufen

mit Apfelmus und karamellisierten Wacholderbeeren

Briochekipferln entrinden und in Scheiben schneiden. Milch, Eier, Salz, 60 g Kristallzucker und Vanillezucker gut verrühren. Äpfel waschen, schälen, Kerngehäuse entfernen und in kleine Stücke schneiden. Briochescheiben und Apfelstücke schichtweise in eine gefettete Auflaufform geben. Mit Zimtzucker (restlicher Kristallzucker mit Zimt vermischt) bestreuen und Eiermilch darübergießen. Im vorgeheizten Backofen bei etwa 180 °C 30 – 40 Minuten backen.

Für die Schneehaube Eiweiß mit Kristallzucker sowie Salz zu Schnee schlagen, auf den Scheiterhaufen dressieren, mit Mandelblättchen bestreuen und im vorgeheizten Ofen bei 250 °C Oberhitze kurz überbacken.

Für das Apfelmus Äpfel waschen, schälen, vierteln und Kerngehäuse entfernen. In einem Topf Wasser, Kristallzucker, Weißwein und etwas Zimt zum Kochen bringen. Äpfel 15 – 20 Minuten auf niedriger Stufe köcheln lassen, dann mithilfe eines Pürierstabs zerkleinern.

Für die karamellisierten Wacholderbeeren Kristallzucker karamellisieren, mit heißem Orangensaft ablöschen und leicht eindicken. Wacholderbeeren beimengen und mit Zimt und Vanillezucker abschmecken. Scheiterhaufen auf Teller portionieren und mit Apfelmus und Wacholderbeeren servieren.

ZUTATEN FÜR DEN TOPFENSCHMARRN (4 PORTIONEN)

60 g Eigelb • 40 g Vanillezucker
abgeriebene Schale einer unbehandelten Zitrone
500 g Magertopfen • 120 g Sauerrahm
90 g Eiweiß • 20 g Feinkristallzucker
1 Prise Salz • 40 g Weizengrieß
20 g Weizenstärke • 50 g Butter

Staubzucker zum Bestreuen
100 g frische Waldbeeren

Tipp

Der Topfenschmarrn muss so wie ein Topfensoufflé sofort ofenwarm serviert werden. Wenn er zu lange steht, fällt er zusammen.

Topfenschmarrn
mit Waldbeeren

Eigelb mit Vanillezucker, Zitronenschale, Topfen und Sauerrahm glatt rühren. Eiweiß mit Kristallzucker und Salz zu steifem Schnee schlagen. Eischnee abwechselnd mit Grieß und Weizenstärke unter die Topfenmasse heben.

Butter in eine beschichtete Pfanne geben, Teig fingerdick einfüllen und Pfanne erhitzen. Wenn der Teig gestockt ist, wenden und auf der anderen Seite backen. Teig mithilfe zweier Gabeln in grobe Stücke reißen und fertig backen.

Topfenschmarrn mit Staubzucker bestreuen und mit frischen Waldbeeren servieren.

ZUTATEN FÜR DIE POLENTA (6 PORTIONEN)

250 g Maismehl • 1000 g Milch • 1 Prise Salz
60 g Eigelb • 1 Prise Zimt • 50 g Feinkristallzucker
100 g Butter • 250 g geriebene Mandeln

ZUTATEN FÜR DIE VANILLIERTEN FRÜCHTE

200 g Früchte der Saison • 70 g Feinkristallzucker
100 g Wasser • 2 aufgeschnittene Vanilleschoten
50 g Butter • 30 g Grand Marnier

Tipp

Die süße Polenta sollte oben und unten knusprig gebacken werden, in der Mitte sollte sie flaumig und saftig sein.

Süße Polenta

mit heißen, vanillierten Früchten

Für die Polenta Maismehl mit Salz in Milch kochen. Wenn die Polenta halbfest ist, vom Feuer nehmen. Verquirltes Eigelb, Zimt, Kristallzucker, Butter sowie Mandeln einrühren und die Masse in eine ausgebutterte Kasserolle gießen. Im vorgeheizten Backofen bei 200 °C backen, bis die Oberfläche goldgelb ist. Mithilfe zweier Gabeln zerkleinern.

Früchte klein schneiden. Kristallzucker in einer Pfanne karamellisieren und mit heißem Wasser ablöschen. Vanilleschoten dazugeben und einkochen, bis die Soße zähflüssig ist. Butter dazugeben, nochmals kurz aufkochen lassen. Vanilleschoten herausnehmen, das Mark auskratzen und zur Masse geben. Früchte darin kurz schwenken und mit Grand Marnier verfeinern.

ZUTATEN FÜR DEN GRIESSSCHMARRN (4 PORTIONEN)

1000 g Milch • 150 g Butter • 60 g Feinkristallzucker • 1 Prise Salz
30 g Vanillezucker • abgeriebene Schale einer unbehandelten Zitrone
350 g grober Weizengrieß • 100 g Rosinen
Butterflocken und Staubzucker zum Karamellisieren

ZUTATEN FÜR DIE GRANATAPFELMOUSSE

100 g Grenadinesirup • 15 g Zitronensaft • 80 g Wasser
25 g Weizenstärke • 2 Blatt Gelatine • 300 g Schlagobers

ZUTATEN FÜR DEN BROMBEERRÖSTER

60 g Feinkristallzucker • 100 g Orangensaft
250 g frische Brombeeren • 50 g Grand Marnier

Staubzucker zum Bestreuen

Wissenswertes

Der Granatapfel stammt ursprünglich aus Asien, war aber bereits bei den alten Griechen und Römern beliebt. Zahlreiche Bilder des Spätmittelalters und der Renaissance zeigen, dass er schon damals in unseren Breiten bekannt war. Dem Granatapfelsaft (daraus wird unter Zugabe von Zucker und Wasser Grenadinesirup hergestellt) werden zahlreiche positive Eigenschaften bei Herz-Kreislauf-Erkrankungen, hohem Blutdruck und Entzündungen nachgesagt. Angeblich wirkt er auch gegen das Altern und soll die Potenz sowie die Fruchtbarkeit steigern.

Grießschmarrn

mit Granatapfelmousse und Brombeerröster

Für den Schmarrn Milch, Butter, Kristallzucker, Salz, Vanillezucker und Zitronenabrieb aufkochen. Grieß und Rosinen einrühren und langsam köcheln lassen, bis eine zähflüssige Masse entsteht. In eine mit Butter bestrichene Pfanne gießen. Kurz am Herd anbacken und im vorgeheizten Backofen bei 200 °C ca. 30 Minuten goldbraun backen. Dabei wiederholt wenden. Mit Butterflocken belegen, mit Staubzucker bestreuen und bei ca. 250 °C im Ofen karamellisieren. Mithilfe zweier Gabeln zerkleinern.

Für die Granatapfelmousse Grenadinesirup und Zitronensaft aufkochen. Die im kalten Wasser angerührte Weizenstärke dazugeben und rühren, bis die Masse eindickt. Die in kaltem Wasser eingeweichte, gut ausgedrückte Gelatine unterheben und kühl rühren. Obers aufschlagen und vorsichtig unterziehen. In einer flachen Form 4 Stunden kühl stellen. Zum Servieren mithilfe eines Löffels Nockerln ausstechen.

Für den Brombeerröster Kristallzucker hellbraun karamellisieren. Mit heißem Orangensaft ablöschen und auflösen. Beeren und Grand Marnier beimengen.

Grießschmarrn mit Staubzucker bestreuen und mit Granatapfelmousse und Brombeerröster servieren.

Glossar

Abseihen Flüssigkeit abgießen

Auflauf Mit Eischnee aufgelockerte Masse, die im Wasserbad im Backofen gebacken wird

Biskotten Löffelbiskuit

Biskuitbrösel Getrocknetes, fein geriebenes Biskuit

Dressieren Aufspritzen einer Masse mithilfe eines -> Dressiersackes und einer entsprechenden -> Tülle

Dressiersack Spritzbeutel

Eischnee Geschlagenes Eiweiß, eventuell mit Zucker

Fruchtmark Pürierte bzw. passierte Fruchtmasse ohne Schalen, Kerngehäuse und Kerne

Gelatine Geliermittel, das in Pulver- oder Blattform erhältlich ist

Germ Hefe

Gewürznelken Getrocknete Blütenknospen des Gewürznelkenbaums

Grand Marnier Französischer Orangenlikör, hergestellt aus Bitterorangen

Grenadinesirup Roter, alkoholfreier Fruchtsirup, der aus Granatapfelsaft oder aus dem Saft von Beeren hergestellt wird

Halb steif schlagen Nicht zu festes Aufschlagen einer cremigen Masse oder eines Schnees

Kalt schlagen Eine warme Masse wird so lange geschlagen, bis sie schaumig und kühl ist

Kardamom Gehört zur Familie der Ingwergewächse. Sehr aromatisches, pulverisiertes Gewürz

Karamell Zucker, der bei großer Hitze hellbraun -> karamellisiert ist

Karamellisieren Starkes, trockenes Erhitzen von Zucker

Krokant Karamell mit gerösteten Nüssen vermischt

Kuvertüre Tunkmasse; -> Milchschokolade bzw. -> Schokolade

Marillen Aprikosen

Maroni Edel- bzw. Esskastanien

Maronipüree Gekochte und passierte Edel- bzw. Esskastanien

Nockerln Klößchen, Süßspeise

Glossar

Milchschokolade Enthält mindestens 27,5 % Kakaotrockenmasse und mindestens 25 % Gesamtfett

Nougat Gemisch aus Mandeln, Schokolade und Zucker

Obers Schlagsahne bzw. Süßrahm

Pignolien Pinienkerne

Powidl Sehr stark reduziertes und daher sehr intensiv schmeckendes Zwetschkenmus

Reduzieren Verringern einer Flüssigkeitsmenge durch starkes Kochen

Röster Kompott

Schokolade Enthält mindestens 35 % Kakaotrockenmasse und mindestens 18 % Kakaobutter; ist als Kuvertüre im Handel erhältlich

Sauerrahm Saure Sahne

Schlagobers -> Obers

Schnee Steif geschlagenes Eiweiß

Semmelbrösel Paniermehl

Soufflé Lockerer, flaumiger Auflauf

Staubzucker Puderzucker

Temperieren Schmelzen von Schokolade im Wasserbad und Abkühlen unter ständigem Rühren auf 28–31° C

Topfen Quark

Tülle Aufsatz für -> Dressiersack; in verschiedenen Formen und Größen erhältich

Vanillemark Inhalt einer Vanilleschote

Warm schlagen Eier mit Zucker über Wasserdampf (ca. 70° C) warm rühren, danach kalt und schaumig schlagen

Weichseln Sauerkirschen

Zerlassen -> Temperieren

Rezepte von A–Z

Quellen

Eleonora Maria Rosalia, Herzogin von Troppau: *Ein ganz neues und nutzbares Koch-Buch*, Ignatius Dominicus Voigt, Wien 1720

Katharina Braunin: *Neuestes, bewährtes Kochbuch für Fleisch- und Fasttäge. Nach itzigen Geschmack für alle Stände*, Verlag Anton Doll, Wien 1799

Klara Fuchs: *Die praktische Wiener Vorstadt-Köchin als Meisterin in der Kochkunst*, Verlag Albert A. Wenedikt, Wien 1860

Babette Franner: *Die Wiener exquisite Küche*, Selbstverlag der Verfasserin, Wien 1893

Giuseppe Hmelak: *Italienisches Kochbuch*, Verlag Leykam, Graz 1893

Louise Seleskowitz: *Wiener Kochbuch*, Verlag Wilhelm Braumüller, Wien und Leipzig 1905

Friedrich Schlögl: *Wiener Skizzen*, ausgewählt, eingeleitet und kommentiert von Franz Karmel, Wiener Verlag, 1947

Ann Tizia Leitich: *Das süße Wien*, E. Hunna Verlag, Wien 1964

Peter Wehle: *Sprechen Sie Wienerisch?*, Verlag Carl Ueberreuter, Wien 1980

Impressum

Bildquellen
Umschlag und Inhalt: Miguel Dieterich

E-Mail: buch@avbuch.at, Internet: www.avbuch.at

Die Deutsche Nationalbibliothek – CIP-Einheitsaufnahme
Die Deutsche Nationalbibliothek verzeichnet diese Publikation in der Deutschen Nationalbibliografie; detaillierte bibliografische Daten sind im Internet über http://dnb.ddb.de abrufbar.

Projektleitung: Brigitte Millan-Ruiz, avBUCH
Layout und Satz: Ina Müller-Degener, Starfish Design, Wien
Lektorat: Jürgen Ehrmann, media-solutions.at

Druck und Bindung: AV+Astoria Druckzentrum, Wien
Printed in Austria

ISBN: 978-3-7040-2382-7